道徳授業改革シリーズ

山下 幸の 道徳授業づくり

社会に つながる 道徳授業

山下　幸著

JN017638

明治図書

まえがき

　特別の教科として道徳が全面実施されてから1年，不平や不満，なかには
アレルギー反応とも思えるような拒否感を口にしない同僚はいなかった。

　思い起こせば，2002（平成14）年から実施された学習指導要領においては，
「生きる力」の育成が宣言され，「総合的な学習の時間」が創設された。それ
は教科書がないことで五里霧中の状態からスタートしたが，中学校において
はその多くがキャリア教育へと収斂されていくことで，内容も方法もある種
パターン化されるに至った。

　一方，教科書に掲載されている読み物資料を中心に，「道徳性」という名
の道徳的な判断力，心情，実践意欲と態度を育てていく道徳科においては，
まだ指導の材も方法も確立していない。「総合的な学習の時間」のようにパ
ターン化してしまえば，現場に立つ教師の戸惑いは小さくなるかもしれない
が，同時にマンネリ化との相克を頭に入れる必要がある。

　中学校は教科担任制である。専門とする教科を，小学校よりもより深く，
突き詰めて指導する場であるとも言える。よってその専門教科に対する関心
や知識，思考や技能といった専門性が，中学校教師の確固たる存在証明にも
なっている。

　ところが，道徳においてはその専門性が通用しない。というより，専門性
を結びつけて指導するところにまで至らず，単なる読み物の読解で終わった
り，指導書通りの発問で流したり，日常生活と結びつけないまま人ごととし
て扱ったりしている授業が散見される。道徳とは何であるかを，いまだ多く
の教師が説明できるところにまでは至っていない。

　なぜ，こうした状況が生まれてしまうのだろうか。一つには，自身の専門
教科と道徳科との違いが認識されていない点が挙げられる。道徳科は他の教
科の知識や技能とは異なり，知識として理解すること自体が目的ではない。
1単位時間のなかで，思考を深めて「道徳性」を養うことが目標である。

また，一つの材を「自分」との関わりとして考え，「自分」の生き方の手がかりとして，深く考えさせることができるかという問題点もある。いわば，道徳的諸価値についての理解をもとに，自己を見つめ，物事を広い視野から多面的・多角的に考え，人間としての生き方についての考えを深めるような授業が構成できるかどうかが教師に問われるのである。

　まずは教師自身が，一つの材を幅広い視点から分析できるかどうか。それができるようになったなら，ほんの少しでいいので，より深い材をもとに自主的に開発できるようにしてみてはどうか。私の主張はこの２点である。

　本書は，道徳科の学習活動に焦点を当てつつ，中学校の22の道徳科内容項目すべてにわたってオリジナル自主教材を１実践ずつ取り上げた。学習活動そのものの価値と，道徳教材としての価値，さらに教材開発のきっかけと授業実践への手立てという観点に分けて読者にわかりやすく提示したつもりである。

　ただし，文章技術が未熟なため，意図が伝わらない面が多く出てくるかと思う。その場合は忌憚なくご意見やご批判をいただければ幸いである。

　そもそも私は，国語教師として専門性を高めることを念頭に，これまで所属している研究集団ことのはを中心に学び続けてきた。したがって，道徳科の実践においても自ずと国語的な発想をもとにして，国語的な問いを構成し，国語的な表現を求め続けてきたことは否めない。その結果，ある意味クセの強い道徳授業づくりとなっていることも理解しているつもりである。

　道徳授業づくりにおいて，みなさんの一つの参考になれば幸いである。

山下　幸

もくじ

5

第3章 道徳授業の課題と価値

第1章

目指す道徳授業と学習活動を重視した展開

1 「特別の教科　道徳」をめぐって

　哲学者の苫野一徳は『ほんとうの道徳』（2019，トランスビュー）の冒頭で次のように語っている。

> 評価云々の前に，実は原理的に言って，「道徳教育」は本来学校がやるべきではないのです。

　これは，「特別の教科　道徳」が小学校では2018年度から，中学校では翌2019年度から全面実施されたことを受けて，苫野が出した結論である。

　大学の教育学部で自ら「道徳教育の理論と実践」という授業を担当している彼が，道徳教育に存在する**「“うさんくささ”や“茶番”めいた側面」**を認め，それとは**「無縁の道徳教育のあり方を提言」**したいと考えて著した一冊である。そして，**「遠くない将来，『道徳教育』を，成熟した『市民教育』へと発展的に解消する道筋を示したい」**というのが，彼の意志でもある。

　さて，2019年度，長い教員生活を通して初めてと言っていいほど本格的に道徳教育に取り組んだ。私はもともとは国語科を専門とする中学校教師である。道徳の読み物よりも文学教育の魅力を存分に学び，様々な読解を経て解釈する面白さを追究することを信条としてきた。「言葉との格闘」などと言えば響きはいいが，満足いく指導には至らずとも，目の前の生徒たちに言葉の魅力を味わわせたくてこれまで国語の実践を積み上げてきたつもりである。

　だからという訳ではないが，**「“うさんくささ”や“茶番”めいた側面」**が道徳教育に存在するという苫野の意見には深く共感できる。極論を言えば，道徳の読み物資料はその多くが「軽い」のである。学習指導要領で掲げている22の内容項目は理解できる。ただ，それに比して，教科書の読み物資料が内容項目に追いついていない現状があるのではないだろうか。

例えば，Dの［自然愛護］における道徳資料として，小学校教科書では有名な『一ふみ十年』という読み物がある。立山を訪れ，その美しさに魅了された主人公が，写真を撮ろうとしているうちに思わず張ってあるロープから足が出てしまい，高山植物のチングルマを踏んでしまうという物語である。これをきっかけに，立山の自然解説員から「一ふみ十年」という言葉を教わり，高山植物を一度でも踏みつけてしまうと元に戻るまで十年以上かかることを理解した主人公は，自然を大切にしようと深く胸に刻みつけるという結末である。

　確かにその通りである。この話自体に間違いはないし，読後感としては誰もが「自然を大切にしなければならない」と思うであろう。しかし，誰が読んでも結論がわかりきっていてその通りとしか頷かざるを得ない物語を，道徳の授業で読む価値がいったいどこにあるのだろうか。いやもしかしたら，今どきの子どもたちは実体験が乏しいから，自然愛護の意味を理解する点においてこの物語を読む価値があるのだと反論されるかもしれない。

　しかし，迷いや苦しみ，焦燥とか葛藤といった思考が生まれる余地が一切ない，いわば「美しすぎる物語」を毎週１時間，年間35時間も読まされる生徒たちに，道徳科の目標で言うところの「道徳的な判断力や心情，実践意欲と態度」といった価値が身につくとは考えにくい。

　生徒たちが置かれている日常はもちろんのこと，これから彼らが生きていく未来が，中身はどうあれ形や体裁ばかり整えていくことに対する私たち大人の不安は尽きない。そうした大人の不安を生徒たちも見透かし，見えるところだけうまく取り繕えばよくて，見えないところではいい加減にやっても平気なんだと思わせてしまう構造が，道徳教科書の読み物資料に透けて見えてしまうように感じるのは私だけだろうか。

3 価値観の思い込みや押しつけを排除する

　2019年度から道徳が全面実施された中学校教科書の読み物においても，同様のことが言える。例えば，『ふるさとのために』というCの［郷土の伝統と文化の尊重，郷土を愛する態度］をテーマにした文章がある。岐阜県にある人口1,000人あまりの山間の小さな串原村に住む主人公。物語は，近所に住む高齢のおばあさんが毎年正月近くに手作りの金山寺みそを持ってきてくれることに端を発する。息子夫婦と孫は都会に住み，高齢であるおばあさんのみが生まれ故郷の地に独り住まいを続けている現状を振り返り，自身も将来「串原村民の一人でありたい」と願う主人公。そのために中学生の自分にできることを探っていくという話だ。近所の人や高齢者に挨拶や声かけをして人間関係をよりよくしていこうということからはじまり，中山太鼓や地歌舞伎などの串原の伝統文化を受け継いで発展させたり，村の特産品作りや活性化のために，好きなコンピューターを役立てたりしたいと考えている。これもまた高い志のもとに，［郷土愛］豊かな素晴らしい中学生の話だと言えるだろう。

　しかし，この文章を読むことにより，焦燥とか葛藤，矛盾や妥協といった感情の揺れを見出すことはできない。生徒作文が元になっているようだが，こうした「大人になっても串原村で働き，村の発展のために努力していきたい」という理想論こそが，まさしく［郷土愛］の典型として教科書に掲載されているとしたら，授業をする側としてはかなりしんどいものがある。

　確かに，誰もが都会に憧れていたかつての若者像とは違って，昨今は若者の地元愛や地域を盛り上げようとする雰囲気が高まってはいる。だが，それを一方的に思い込まされたり，押しつけられたりするような価値観が「道徳的な判断力や心情，実践意欲と態度」に結びつくかと問われたならば，首をかしげざるを得ないだろう。

　では，道徳資料を通してふさわしい価値にたどり着くためには，どういった観点の題材が必要なのだろうか。

4 主体的に思考・判断・表現できるような学習活動を取り入れる

　前出『一ふみ十年』において，昨今問題となっている**エベレスト山頂付近で起こる登山者の渋滞写真**を提示する。またこれと同時に，登山途中に大量に捨て去られている酸素ボンベやガスバーナーの空き缶，さらに登山者のし尿処理などの写真も提示する。ネパール政府はエベレスト登頂を目指す各チームに，日本円にして約44万円の預託金（デポジット）制度を導入し，各登山者が最低8kgのごみを持ち帰った場合に返金する制度を取り入れた結果，2017年，25t近いごみと15tのし尿が登山者らによって持ち帰られたという。その重量は2階建てバス3台分に相当する。しかしその一方で，いまだゴミが増え続けるのは，登頂を目指すチームにとって必要経費や自然保護の関心よりも，命の価値の方が優先される現実があるからではないだろうか。

　標高8,000m以上，気温－30℃以下，1回の呼吸で取り込める酸素量は通常の$\frac{1}{3}$程度といった過酷な条件にもかかわらず，近年エベレスト登頂を目指す登山者は増えているという。結果，頂上を目指す人と下山したい人が，一本道ですれ違うために山頂付近では大渋滞が起こり，生死に関わる事故も相次いでいる。同時に，登頂を目指すチームの経験不足や判断ミスにより登山ガイドが犠牲になることも問題視されている。

　SNSの普及や登山用具の改良などによりかつてほど夢とは言えなくなったエベレストの登頂。苦難の末に登頂に至れば，とかくその成功にばかりスポットライトが当てられるが，一方で影の部分にこうした矛盾が潜んでいることを理解させたい。併せて，自然を保護することの意味とは何かを考えさせる。それにより，「一ふみ十年」という言葉一つひとつを胸に刻み続けた主人公の心情理解へとおのずと導かれることになるだろう。また，それを子ども一人ひとりに考えさせることは，毎日の生活を通して身近な自然を大事にしているかどうかを主体的に判断させる契機となり得るものでもある。

5 刺激することで深い思考につなげる

　前出『ふるさとのために』においても，「駅前再開発」ではなく，「駅前逆開発」に踏み切った千葉県小湊鐵道養老渓谷駅の事例を取り上げる。

　「自然との共存なしに，これからの生活は成り立つのでしょうか？」という問題意識のもと，「今から10年，木を植え花の種をまき，ここ養老渓谷駅前は樹木が茂る森になります」という看板を掲げ，アスファルトをはがし，土に戻し，樹木が茂る森を復活させる「駅前逆開発」に挑んだ小湊鐵道の現・石川社長。「君がやっていることは破壊だよ。開発じゃねえよ」という祖父の意見を受け，駅前逆開発はもちろん，地元との「和」・自然との「和」を目的にはじまった里山トロッコ列車など独自のアイデアをふんだんに取り入れた結果，2016年度，養老渓谷駅の乗客数は平均200人／日近くに上り，24年ぶりに増加へと転じた。しかも，前年の２倍近い数字となったのである。

　この事実は過疎に悩む地方自治体にとっては大きなヒントになり得る。まして，『ふるさとのために』に出てくる主人公が住む串原村のような所には一つの具体的な過疎対策として映るだろう。もちろん，その過程における失敗は当然予想されるであろうが，そうした紆余曲折も織り込んだうえでの実践意欲や態度こそがふるさとのために有効な手立てのはずである。ただ，間違ってもらっては困るが，営利を目的とした開発が過疎地にふさわしいと述べているわけではない。「故くして，なお新しい」という小湊鐵道のキャッチコピーを見れば，何が大切かはおのずと明らかになるだろう。

　今や，少子高齢化問題や過疎対策は待ったなしの状況である。そうした社会問題をそれぞれのふるさとと結びつけて考えることで，生徒たち一人ひとりの心にひと味違った意味での［郷土愛］が育まれるのではないだろうか。

　このように，道徳の題材にはある種の刺激が必要であり，良くも悪くも刺激の少ない題材は，深い思考や判断，表現につなげることが難しいと言っても過言ではないのである。

6 学習活動として具体的に工夫する

　道徳の教科書は読み物が中心となって構成されている以上，それを読むことで，児童生徒が道徳的な価値について自然と考えられるようになることがふさわしい。1時間という枠の中で，道徳的な価値に深く迫ることが求められるため，一読してねらいとする価値がわかりすぎても困るし，一読では読解不能であっても困る。無理に近づけようと意識し過ぎることなく，自ずと道徳的な価値に迫れるものが望まれる。

　「国語教師だから，道徳の読み物も簡単に教えられるよね」などと，同僚から言われることがある。しかし，専門教科だからこそ，道徳の読み物にもかかわらず国語的・文学的に読み取ってしまうこともあり，国語教師だからというのは弊害にもなり得るのである。

　そこで，道徳的な思考や判断，表現を引き出すために，学習活動の工夫が求められる。ここではその一例を示す。

(1)　数直線・マトリクス方式による判断の交流

　例えば，「臓器移植」をテーマに，D［生命の尊さ］を考える授業があるとする。ちょっと重いテーマとなるが，この場合，数直線やマトリクスを用いて「ドナー」としての自分の判断を位置づけることが可能となる。

　「あなたはドナーになって，臓器を提供したいと思いますか」……この問いに対して深い思考を促し，他者と交流するために，まずは自分の判断を明らかにする。そもそも脳死後と心停止後では移植できる臓器の種類と数に違いがある。脳死状態においては最大11の臓器が提供可能となり，心停止後より種類も増える。この現実を考えると，一般的には「臓器を提供したい」というより，「提供すべきだ」という考えに辿り着きやすい。

　そこで，次に示す数直線を見てほしい。これは右にいけばいくほど臓器をあげたい，つまり提供したい気持ちが強いことを示し，左にいけばいくほどその逆であることを示す。自分の考えを数直線上に位置づけることにより，

自ずとその理由が交流されることになるだろう。

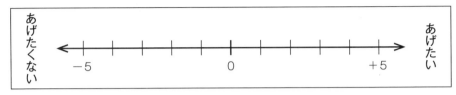

「あなた自身またはあなたの身近な家族が臓器を必要とするレシピエント
なら，臓器を提供してもらいたいと思いますか」……次にこの問いを提示す

る。自分だけでなく身近な存在である家族がレシピエン
トとなるのを想像することで観点がより広がってくる。

　先ほどの数直線を水平化したものと考えるならば，今
度は垂直化した数直線を思い浮かべてほしい。先ほど同
様に，その思いの強さを数値化して右図に位置づける。
自分なら臓器をもらわなくてもいいが，身近な家族のた
めならもらいたいと考える層がいても不思議ではない。
これにより，ドナーとしての判断とレシピエントとして
の思いが交錯することに気づけるだろう。水平・垂直の
数直線をレベル化した意味合いが次に示すマトリクスへ
と結びつくのである。

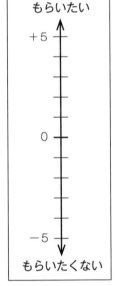

　最後に，総括として次頁のマトリクス上のA～Dの4
つの領域のどこに自分の考えが位置するかを問う。もら
いたいし，あげたいというAに対し，もらいたいけど，あげたくないという
Bは自己中心的な考えに見える。また，もらいたくないし，あげたくないと
いうCに対し，もらいたくないけど，あげたいというDは自己犠牲心に厚く
見える。しかし，これらはあくまで相対的な見方の一つであり，絶対的に正
しい解とは言えない。

　一般に，「臓器を提供する＝善」「臓器を提供しない＝悪」といった考え方
が無意識のうちに浸透している。しかし，ドナーカードには「3. 私は，臓器
を提供しません」という意思表示もあるのだから，それに〇をつけたからと

いって悪人扱いされる訳ではないはずだ。

　移植するのが善で，移植しないというのが悪であるという発想から解き放ちたいと考えたとき，こうした数直線やマトリクスを用いてそれぞれの判断を可視化することで，互いの判断の根拠やそのズレの捉えに至るまで突き詰めて交流することが可能となる。

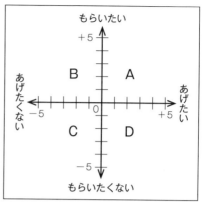

(2)　ランキング・穴あけ（空欄化）方式による思考の深化

　「職業観」をテーマにしたＣ［勤労］を考える授業の場合，よく使われるのが，「なりたい職業ランキング」である。データをもとに順位づけされたランキング表を用いて，穴あけ（空欄化）された特定の順位あるいは職業を，理由を考えながら入れていく場面があるだろう。

　クイズ形式とも言えるこの方式を，短絡的と言い切るのは尚早である。なぜなら，そのデータを相対的，客観的に分析し，変化の意味合いを探るところに本質があるからである。

　例えば，ソニー生命保険が行った「中高生が思い描く将来についての意識調査」によれば，2019年度の男子中学生の将来なりたい職業ランキングでは，１位が YouTuber などの動画投稿者，２位がプロｅスポーツプレイヤー，３位がゲームクリエイターとなっている。その２年前の2017年度には１位だったＩＴエンジニア・プログラマーが４位へと落ち，同じく４位だったプロスポーツ選手が６位となる反面，２年前は入っていなかったプロｅスポーツプレイヤーが２位に入ってくるなど，この２年間で希望職業がデジタル化あるいはバーチャル化していると言っても言い過ぎではないだろう。

　一方で，女子中学生は，2019年度も2017年度も，１位は歌手・俳優・声優などの芸能人，２位は漫画家・イラストレーター・アニメーターなどの絵を描く職業，３位は医師と，上位３位までは全く変化していない。

こうしたデータの違いをランキングや穴あけ（空欄化）方式で考えることはもちろん，その変化について探っていくことが有意義なのは先述した通りである。同時に，中学生から見た職業観や社会観が，現代特有の価値観へと結びついていることも理解する必要がある。

　子どもたちの世界は大人の社会や時代を映す鏡である。なぜ，男子中学生は現実離れした職業に憧れるのに対し，女子中学生は希望する職業に変化が少ないのか。男女ともに，「学者・研究者」「教師・教員」「保育士・幼稚園教諭」など教育関係職の人気が下がってきていることは，何を表しているのか。こうした傾向は，高校生も同じような結果となっているのはどうしてか。

　これらの問いに自ら気づき，その問いと社会を結びつけていくことが求められる。

　ちなみに，将来の夢として「好きなことを仕事にしたい」というのが中高生ともに１位であり，仕事や働き方についても二択の一方である「安定した職業に就くこと」よりも「好きなことを仕事にしたい」という方が過半数を占めている。さらに，「カッコイイ大人のイメージ」は「好きなことに打ち込んでいる」というのが中高生ともに１位である。

　「勤労」や「将来の生き方」の意味を問い直し，勤労を通じて社会に貢献することが一つの道徳的価値となるが，こうしたランキングに表れるデータを誰もが納得できるような形で分析し，授業の中で活用することが学習活動の一つの工夫になり得るのである。

　以上のことを踏まえるならば，ランキングの一つひとつや，あるいは穴あけ（空欄化）する箇所一つひとつに至るまで，最新の注意を払いながら学習活動を工夫していくことが求められるのである。

⑶　写真・ポスター・動画提示による思考力，表現力の喚起

　児童生徒が，意識せずとも自然と道徳的価値に目を向けられるようにするために，写真やポスター，動画などが多くの授業で取り上げられるようになった。これは読み物資料とは対極にあるように見えるが，そうとも言えない。

　まず教師自身の感動や関心，疑問や違和感が，取り上げる材の根幹に位置するのは間違いない。しかしこの段階で，しかもこの感覚のみで授業化してしまうと，必ず最後に行き詰まる。

　なぜ，その写真なり，ポスターなり，動画なりに心が動かされたのか。疑問や違和感を感じるのは，自分の感覚のどこが影響しているのか。あるいは，この材をもとに，深い思考や表現に辿り着かせるにはどうしたらよいのか。

　こうした分析を丁寧にしていくことで，目の前の生徒たちの実態が鮮やかに映し出されてくる。

　他教科のように，「読む」「書く」「計算する」「覚える」「比較する」などといった教科の特性に応じた得意不得意が表れにくいのが道徳かもしれない。また，文章よりも写真やポスター，それよりもさらに動画といった具合に，生徒たちの好みの度合いを追っていくと，取り立てて指導しなくてもそれらを見たり味わったりする観点を持ち合わせていることがわかる。これは現代の生徒たち特有の実態と言えるのかもしれない。

　しかし，生徒たちは提示された写真やポスター，動画を本当に見ていると言えるのだろうか。ここで言う「見る」は視覚的な「見る」だけではなく，判断する，分析するまでを含む，いわば「観る」といった方がよいかもしれない行為である。

　それを考えていくと，道徳の時間にただ漫然と写真やポスター，動画を見せるだけ見せて，「気になることは？」「気づいたことは？」などと問うだけではもの足りないと言える。

　鈴木有紀はその著書『教えない授業　美術館発，「正解のない問い」に挑む力の育て方』（2019，英治出版）のなかで次のように述べている。

子どもたちがすでに持っている力を発揮できて，そしてちょっとだけ未知のことにチャレンジできる視覚教材が，学びを引き出す上ではとても効果的です。

美術館の学芸員として「対話型鑑賞」のおもしろさに魅了され，実践してきた彼女は，「最適な視覚教材」として次のようにまとめている。

・わかりやすさ（すでに持っている力を存分に発揮できるもの）とわかりにくさ（未知のことに少しだけ挑戦できるもの）が混在しているもの
・わかりやすい部分を踏み台に，勇気を持って，わからないことに挑戦できるもの

教材として既知と未知のバランスを重視している彼女は，「対話型鑑賞」を通して生徒たちの考えを引き出すために適切な問いかけを重要視する。授業のなかでは当然とも言える「問い」の吟味であるが，彼女の場合はとりわけ，次の4つの問いの流れに重きを置いている。

1 「作品のなかでみつけたこと，気づいたこと，考えたこと，疑問でもなんでもいいので話していきましょう」
2 「どこからそう思う？」
3 「他にはありますか？」
4 「そこからどう思う？」

詳細は前掲書に譲るが，「どこから？」という問いは子どもたちの答えやすさと，そこから派生して具体的・客観的な観点を共有することで対話が促進されるという効果をもたらすのである。

最終的には教材における「問い」の吟味にもつながってくる。俗に言われる「いつ」「どこで」「だれが」「なにを」「なぜ」「どのように」といった"5W1H"を基本としつつも，生徒たちの思考や表現を深いところまで喚起できるような「問い」を目指したい。そして，それを機能させるためにどのタイミングで，どのような形式で取り入れていくべきかという授業構成が，なによりも優先されることを再確認しておきたい。

ちょっと一息　「先生，今日の道徳では何を学びますか？」

生徒から上記のように尋ねられたことはありませんか。それはあなたの道徳授業が楽しみで仕方がないというよりも，むしろ退屈な授業は受けたくないという意思の表出と捉えた方がよいかもしれません。

そんな場合，私は次のように答えるようにしています。

> 見えているのに目に入らなかったり，聞こえているのに耳に入らなかったり，気がついているはずなのに心にも留めなかったりする内容です。それを考えることによって，みんなが幸せになれることを期待します。

道徳の学びの構えを作る意味において，一つの効果的な説明かと思います。また，具体的かつ詳細な内容を説明するよりも，上記の方が生徒に期待を抱かせる効果もあるかもしれません。

もちろんそうした授業になるように，教師は綿密に準備したいところです。

7 教材開発と学習活動の工夫の未来像

　文部科学省教科調査官の浅見哲也さんは「これまでの道徳の時間の授業の課題」として，次の３点を例示している（「道徳科の授業の充実を図るために」独立行政法人教職員支援機構 HP より）。

・主題やねらいの設定が不十分な単なる生活体験の話合いの指導
・読み物教材の登場人物の心情理解のみに終始する指導
・望ましいと分かっていることを言わせたり書かせたりすることに終始する指導

　対して，「深い学びにつながる指導方法の例示」として，これから求められる道徳科の学習を３点記している。

・読み物教材の登場人物への自我関与が中心の学習
教材の登場人物の判断と心情を自分との関わりにおいて多面的・多角的に考えることを通し，道徳的価値の理解を深めること
・問題解決的な学習
児童生徒の考えの根拠を問う発問や，問題場面を自分に当てはめて考えてみることを促す発問などを通じて，問題場面における道徳的価値の意味を考えさせること
・道徳的行為に関する体験的な学習
疑似体験的な活動（役割演技など）を通して，実際の問題場面を実感を伴って理解することで，様々な問題や課題を主体的に解決するために必要な資質・能力を養うこと

　ただし，「これらは多様な指導方法の一例であり，それぞれが独立した指導の『型』を示しているわけではない」とある通り，文部科学省が一例を示

すとそれがすべて正しいものとして受け取られるのを懸念してか，「道徳科における具体的な学習プロセスは限りなく存在し得るもの」とまとめている。逆に言えば，「道徳科における具体的な学習プロセス」は，私たち教師が現場の実態に合わせて，効果的に開発していくことが求められているのである。

　また，「道徳科の授業で大切なこと」として，「道徳科のねらい（道徳的価値）を踏まえ，道徳科の授業で児童生徒に，何について考えさせ，何に気付かせたいのかを明確にもつこと」を挙げ，学習指導過程や指導方法，教材・教具等の工夫は目的ではなく，手段であることを再認識せよと訴えている。

　以上のことから，道徳科の目標に沿って主体的・対話的で深い学びを踏まえた「考え，議論する道徳」へと，量的確保と質的転換を目指すべしということを文部科学省のメッセージとして捉えることができる。

　そこで，本書では教材開発と学習活動の工夫に焦点を当て，22の内容項目に沿って具体的な実践を提案していく。もちろんそれらはすべて，道徳的な価値を見出すことを目標にしているし，それ自体が目的ではなく，あくまで手段として機能させることを心がけている。実践の対象としては中学生を想定しているが，小学校高学年以上でも実践可能なように学習活動を工夫した。また，読み物教材として有名な教材も，多面的・多角的に考えやすいよう実践を再構成し取り入れることを考えた。

　それぞれの実践は次頁に掲げる構成を参照してほしい。

　現実的には，週1時間の道徳の時間では，教科書教材を扱うだけでいっぱいいっぱいだというのが現場における教師たちの本音であろう。しかし，自主教材の開発とそれに向けた具体的実践の糸口として本書を読んでいただくと，一つの題材から道徳の価値をどのように見出し，なぜこの場面で，一つの発問や一つの活動を取り入れるかが明らかになるものと考える。

《本書の構成》

学習活動の価値	この教材を通して学習する意義と価値を端的にまとめた。
道徳教材としての価値	道徳的価値に結びつく視点を，価値づけて記した。
教材開発のきっかけ	書籍や写真，ポスター，インターネット等教材開発のきっかけを記した。
授業実践への手立て	授業化に至るうえで核となる発問や留意点等を記した。

第2章

学習活動を重視した 道徳授業22の展開

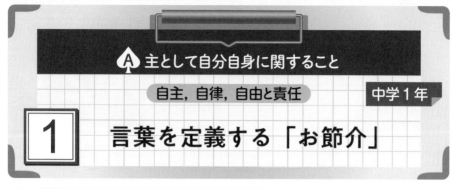

1 言葉を定義する―学習活動の価値―

> 「お節介」とはどんな行動を指すのだろう。

　まずは「お節介」という言葉の定義を考えてみる。類義的表現から考えてみると,「善意の押し売り」「余計なお世話」「差し出がましい行動」あたりとなるだろうか。対義的表現は何かとなると,「善意」「親切心」「お世話」などがあてはまるはずだ。さまざまな定義が思い浮かびつつも,「お節介」にぴったりの定義を探すには苦労する。なぜなら,「お節介」を好む人とそうでない人とによって, 捉え方に差ができるからだ。

　例えば, 最近感じた「お節介」の事例を思い出してみる。つい先日, 自分でも片づけなければならないとわかっている部屋を, きれいに掃除されてしまったときに,「お節介なことをしてくれて……」と思ってしまう出来事があった。ここから考えると, 行為者からするとよかれと思っての相手を思う行動が, 相手側からするとそうは捉えられないことがある行為となるのが「お節介」にあたるのではないだろうか。

　私たち教師は, 得てして教室でも生徒に向かって,「相手のことを気遣いなさい」とか,「相手の思いを察して自分から率先して行動しなさい」などと協調・協力の姿勢を叫ぶ。しかし, よくよく考えてみると自己本位で一方的な行為を助長しているようにも感じてくる。

　さて, ここでは行動する2人の人物を紹介する。その2人の行為を比べてみることで,「お節介」を再定義してみたい。

１人目は，広島県在住で元保護司の中本忠子さん。通称「ばっちゃん」と呼ばれる彼女は，毎日，市営住宅の自宅で多い時には３升のお米を炊き，小学生から21歳までの少年たち３〜10人に無償で食事を提供している。

　２人目は，札幌市在住で北洋建設社長の小澤輝真さん。小澤社長は「人間は絶対に立ち直る」ことを信念に，全国で唯一，日本全国の刑務所に求人が出ている会社として刑務所出所者を積極的に雇用している。

> この２人の行為は，はたして「お節介」と言えるのだろうか。

　授業の導入段階では，この問いを通して２人の行為の裏側にある想いを探っていきたい。

2 何をもとに定義するか―道徳教材としての価値―

　「お節介」は，されて嬉しがる人もいれば，されて嫌がる人もいる。では，この２人の対象となる相手はどう思っていたのだろう。

　１人目の中本さんが少年たちに食事を振る舞うようになったのは，ある少年との出会いである。シンナーを買う金欲しさに空き巣をしたために少年院に入っていた中学２年の少年，Ａさん。中毒で歯はボロボロ，生気を失った目をしており，中本さんが何度注意してもシンナーを手放すことができない。ある日「なんでそんなにシンナーばっか吸うの？」と中本さんが尋ねると，その答えは意外なものだった。

> お腹が減ったのを忘れられるから。

　給食がない土，日，祝祭日は昼前から食事を用意するそうだ。30年以上も子どもたちに食事と気楽に過ごせる場を提供し続けている中本さんは，これまで200人以上の子どもたちをできたての食事で支えてきた。

　一方，もう１人の小澤社長は，「ウチでは出所者を採用するにあたっては，

その過去を隠さないようにしています」と述べ，月給はもちろん支払われるが，社員が「もういいです」と言うまでは日に2,000円を別途支給し続けている。そんな小澤社長に対し，出所者の1人は次のように述べる。

> 心底，安心しました。僕は自分が犯した罪を一生背負っていきますが，この社長のためにも一所懸命働くぞと誓ったんです。

お世話している少年の言葉からその本音を知った中本さん。また，雇った社員が，社長のために必死に働こうと覚悟を決めた，小澤社長。これらの思いを踏まえつつ，その先の行動に生かそうとする2人の行為は，果たして「お節介」と呼ぶに値するのだろうか。

3 教材開発のきっかけ

私はそもそも「お節介」が好きではない。むしろ嫌いと言った方がふさわしい。それは自分自身が「お節介」のために何度も失敗しているからだ。

相手のためを思ってなどと言い訳しつつ，その実自分が好かれたくて行っている行為は，独り善がりだけである。そのことを失敗をしながら学んだからこそ，独り善がりが前面に出てくる「お節介」を私は好まないし，むしろ嫌いである。

では，この2人は，自分が好かれたいと思って行っているのだろうか。答えはNoであろう。好かれたくてやっている行為ならば，簡単にその相手に見透かされてしまうに違いない。

それとは逆に，むしろ関わった人たちはみんなこの2人に感謝している。となれば，少なくとも独り善がりな「お節介」でないことは確かだろう。

次に示すのは「ばっちゃん」と慕われる中本さんの言葉であり，30年以上子どもたちを見続け，耳を傾けてきたからこそわかる本質である。

満腹になると子ども達は気持ちが落ちつき，いらいらしない，キレない。キレる子というのは大体空腹で，お腹がすいていると犯罪に結びつく。

同じような言葉は小澤社長も語っている。

みんな立ち直りたいと思っている。ここで一所懸命働けば再犯はありません。

　本人には立ち直ろうという気持ちがありつつも，その場を与えることのない環境的な要因は，私たちの側にも責任があると言えるのかもしれない。
　結局，この2人の行為は「お節介」と言えばそうかもしれないし，そうとは言えない部分もあるかもしれない。ただ，この2人に裏づけられている「信念」の強さには目を見張るものがあることは間違いない。

4 授業実践への手立て

「お節介」とはどんな行動を指すのだろう。

　この問いからスタートした授業において，2人に関わって，改めて考えたい言葉がある。
　まずは，ばっちゃんの活動の原点となっている父の次の言葉である。

人間の優しさっていうのは見返りを求めたらいけない。見返りを求めるのは優しさじゃない。

　ここから考えると，「お節介」という言葉を定義するヒントが見つけられるのではないだろうか。そう，「見返り」の有無が「お節介」を規定する。

主として自分自身に関すること

また，小澤社長の次の言葉もヒントになり得る。

> 仕事に集中できるよう社員の仲がうまくいくことに気を遣っています。
> 社員は家族ですから。

以上を踏まえて，改めて「お節介」を定義し直してみることを，授業の終末段階の問いとして課す。できれば，ペアやグループでじっくりと時間をかけて交流するのが望ましい。

> 「お節介」とは，相手に真剣に寄り添い，相手の幸せを願いながら，相手の行く手を阻まないこと。

上記の定義は私の解であるが，教師の解よりも，生徒が納得する解を見つけ出す方が道徳の授業においては尊重されるべきである。教師が今まで考えていた「お節介」とは異なり，それよりずっと広く，ずっと深い，もしかしたら180度反対の定義となり得るかもしれない。いずれにせよ，生徒一人ひとりが納得できる解を，必然的に導き出せるような授業構成や学習活動が望まれる。

言葉は果てしなく広く，その意味は無限と感じられるほど深い。具体的な2人の人物の行為や想いを比べることを通して，言葉を定義し直してみる。それによって，生徒それぞれに新たな世界観が獲得できるようになることが期待できる。

《参考文献：伊集院要『ばっちゃん 子どもたちの居場所。広島のマザー・テレサ』
(2017，扶桑社)》

♠ 主として自分自身に関すること

節度，節制　　中学1年

2 自分を救う方法を考える「悪口」

1 自分を救う方法を考える─学習活動の価値─

　毎日のようにネットサーフィンをするが，ネット上に飛び交う文句や批判，悪口に噂話などを目にしない日はない。これが中高生ともなれば SNS を使って書き記すのが日常茶飯事だろう。時折，実名にもかかわらず，まるで相手が目にしないとでも思っているかのような傍若無人な振る舞いも見られる。

　「トキシックピープル」という言葉がある。「毒人」とも訳されるこの言葉は，ネット上で根も葉もない噂を流したり，賛同する仲間を増やすことに躍起になる人のことを言う。次のような特徴が共通点として挙げられる。

　・小さなことを大げさに捉える

　・噂話が好きで，他人のことばかり気にしている

　・行動に波がある

　・共感に乏しい

　・常に誰かを批判している

　・自分の怒りは義憤であると信じ込んでいる

　・一度思い込むとどんな事実も無視する

　・個人的嫌悪感を社会正義とすり替える

　・責任を取りたがらない

　　　（https://www.excite.co.jp/news/article/Karapaia_52247794/ より）

　これを見て，みなさんはどう思われるだろうか。どこにでもいそうだし，自分にもそういうところがあるかもしれないと感じることはないだろうか。

心理学者の齊藤勇は，「悪口や噂話は人と仲良くなるための『必要悪』であり『カタルシス効果』ともなり得る」と述べている。続けて，次のように解説する（参考：「PRESIDENT Online 2012/10/29」）。

心理学的見地に立つと，悪口は攻撃行動です。人間を含む動物はすべて，自己防衛のための攻撃本能を持っています。しかし，通常の社会生活では，肉体的な暴力に訴えることはルール違反。だから，言葉による"口撃"によって欲求不満を解消するのです。

悪口を言ってはいけないのはもちろんだが，ただ禁止するだけではなく，その構造を整理し理解させることで，分別をもった悪口や噂話につながるのではないだろうかと考えた。そこで，[節度，節制] の授業化を試みた。

2 なぜSNSを取り上げるのか—道徳教材としての価値—

では，いささか角度を変えて SNS の問題を眺めてみる。2017年秋，フェイスブックの初代 CEO，ショーン・パーカーがあるイベントの席上，何気なく次のような言葉を漏らしたとされる。ユーザーの注意を引きつけるために使った巧妙な手法についてである。

フェイスブックを先駆とするこういったアプリケーションの開発者の思考プロセスは《中略》要するに"どうしたらユーザーの時間や注意関心を最大限に奪えるか"だ。自分の写真や投稿や何やらに"いいね"やコメントがつくと，ユーザーの脳内にわずかながらドーパミンが分泌される。これがいちばん手っ取り早い。

厚生労働省研究班の調査結果によれば，病的なインターネット依存が疑われる中高生はこの5年間で倍増し，全国で93万人と推計されることが明らかになった（2018年）。男子より女子が多い傾向にあり，インターネットの使

い過ぎで「成績低下」「居眠り」などの問題が発生している。まさに，中高生の時間と注意関心が，SNSをはじめとしたインターネットに最大限に奪われていると言っても過言ではないだろう。先に述べた利益主義の裏側にある本質に気がつくと，人が気づかぬうちにいかに情報に操られているかが見えてくる。

しかし一方で，「SNS疲れ」や「SNS離れ」と言われる現象も起きている。

ここ数年，Twitterにハマっていて，どうでもいいことを数時間おきにツイートしていたんだよね。それだけ，しょっちゅうツイートしていたもんだから，結構な数のフォロワーが集まってきたの。だけど今度は一人でもフォロワーが減ると，気になって仕方なくなるようになった。

自分のツイートが気に障ったのかな？　なんて，いちいち考えちゃってTwitterのアプリを開くことさえ嫌になってきた。限界を感じてTwitterをやめたら，気分爽快。趣味に費やす時間が増えたよ。

上記は，かつてSNSに依存傾向が強かった女性のありがちな感想である。同じように依存傾向の強い人は，上記の感想を読んでどう感じることだろう。おそらく共感できる人も多いのではないだろうか。

3 教材開発のきっかけ

教科書教材に『短文投稿サイトに友達の悪口を書くと』というのがある。この教材を調べていくなかで，私のアンテナにはSNSにおける非難や悪口，中傷に関わる問題が多く引っかかったのである。

現代においては，当事者本人はそれほど感じなかったとしても，全く関係のないはずの外野から非難や悪口が集中し，いわゆる炎上騒ぎとなりがちである。しかも，一旦ネット上に上がったものは簡単には消えない。本人はもちろん，関係者すべてが忘れるに忘れられない状態が続く。まさに，デジタル時代がもたらした弊害であり，苦悩とも言える。

主として自分自身に関すること

なぜ，こうした事案が起こってしまうのだろうか。インターネットの誹謗中傷に10年以上苦しんだ経験をもつスマイリーキクチ氏は次のように語る。

> フォロワーが1,000人いるより，本音で話せる人が３人いれば人生どうにかなるというのが僕の持論。

　これはとても価値ある言葉と考えてよいだろう。いくら1,000人のフォロワーや友達がいたとしても，本音で話せる人が０人だとしたら，その人にとって「つながり」とは，いったいどんな意味をもつのであろうか。

> 僕は愚痴を言いたいと思ったら，まず，スマホのメール欄に書きます。より丁寧な言葉を使って，その中に誤字脱字がないか，句読点の位置はここでいいのかなどをしっかりチェックして，言葉の意味を理解しているかどうか，自信がなければ辞書で調べる。そのうちに気持ちは落ち着いてきますし，自然と国語の勉強に繋がります。……で，最終的に発信はしない。だから，僕のスマホのメールには愚痴を書いた文章がたくさん保存されています（笑）。

（参考・引用：「スマイリーキクチ氏が語る『誰もが中傷の被害者になりうるSNS の怖さ』」（2019，ダイヤモンド社））

　ある種のアンガーマネージメントとも呼べる彼の具体的な方法には，相手に対する敬意が込められている。それと同時に，自分に対する尊厳にもつながっていることを，私たちは真摯に見つめ直さなければならない。

4 授業実践への手立て

　調査によればTwitter を「実名」利用している割合は高校生で52.7％，大学生で44.5％である。投稿後に後悔したことがある経験は高校生で60.6％，大学生で62.8％だという。また，後悔した投稿内容は「そのときの感情」

（47.3％）のほか，「他人に対する批判，文句」（19.5％）や「友人・知人・家族に対する批判，文句」（18.7％）など，悪口や文句が多い（参考：「CNET Japan 2018/ 3 /28」）。

　悪口や文句の投稿が周囲に伝われば問題になることはわかりそうなものなのに，なぜこうしたことが起こってしまうのだろうか。

　投稿する側の安易な認識が主たる要因だろうが，それだけでは片づけられない何かが生じているように思える。こうしたデータを示すことで，SNSを媒体とした悪口や文句への問題意識の共有につなげられるのではないかと考えた。データの読み解きは生徒たちの本音を引き出す絶好の機会と言える。

　以下に記すのは，ある男子中学生の言葉である。それについてどう考えるかを，生徒に問うこととした。

> ネット掲示板に書き込んでいた。悪い言葉で誹謗中傷を書き込んだらすっきりして，何度も書いてしまった。あの時の自分を思い出すと怖くなる。

　「すっきり」と「怖くなる」という矛盾した感覚を，客観的に捉えることがこの授業のポイントである。この矛盾を捉えることができれば，ネットやSNSに潜むトキシックピープルの心情を想像するのも難しくないだろう。

　最終的に，授業の終末段階においては次の発問を投げかける。

> **インターネットなどの仮想現実で守らなければならないルールを，3点具体的に書き出してみよう。**

　「敬意」という言葉は自分と人をつなぐうえで最低限必要な態度と言える。

主として自分自身に関すること

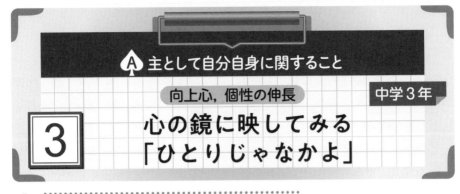

3 心の鏡に映してみる 「ひとりじゃなかよ」

1 心の鏡に映してみる―学習活動の価値―

　スマートフォンの普及とともに，「1億総カメラマン時代」がやってきたと言ったら言い過ぎだろうか。

　一昔前，若者にとってはプリクラ全盛の時代だったのが，今やスマホの自撮りが主流。もちろん，プリクラはプリクラで，スマホと連携し進化しているが，Instagram やら Twitter やらの SNS との連動を見れば写真を撮ることのハードルは低い。

　ただ手軽になるにしたがって，その写真のもととなる映像・画像の価値は薄れ，何を撮っていたのかすら覚えていない，そんなことも増えてきたように思える。

　熊本県に西本喜美子さんという御年92歳を迎える女性がいる。彼女は72歳のときにアートディレクターの長男・和民さんが主宰する写真講座「遊美塾」で初めてカメラを触り，そこから88歳にしてついに写真集を出すまでに至った稀有な人物である。

　そんな彼女の人生を追ってみると，私たちの日常にもつながるものがあることに気づかされる。

何事にも「うまい」「へた」はある。だけど，「良い」「悪い」はない。

　そんな彼女の心の鏡を通して，私たちも自分自身の心の鏡を覗いてみたい。それによって，［向上心，個性の伸長］につながる授業にたどり着くはずだ。

2 鏡に映るものを探る―道徳教材としての価値―

　私たちは「心の鏡」を日常的に意識しているわけではない。それは例えば，自分では気づかないところで他者を傷つけてしまったときや，他者との関係においてやってはいけない過ちを犯してしまったときなど，冷静になって自分の心の中を見つめる場合などに意識されるものであろう。

　心の鏡が曇ってしまったり，映っている自分が歪んで見えてしまったり，その鏡を長いこと見ていたりできないような場合には，なにかしらの問題が起こっている状況と考えた方がよい。

　西本さんの経歴を追ってみると，競輪選手となった2人の弟が全国を巡業している姿に憧れたことがきっかけで自宅敷地内で始めた美容院をたたみ，競輪学校でA級ライセンスを取得，22歳で女子競輪選手となるなど好奇心旺盛な面が窺える。その後，数多くのレースを経験し，結婚を機に競輪を引退。しばらくは平凡な人生を歩むも，72歳のときに初めてカメラを触り，74歳のときに初めてパソコンを購入後，HPを開設し，MacOSを使いこなすなど，やはりもともとの気性は変わらないらしい。

　2011年，82歳のときに熊本県立美術館分館にて初の個展を開催したことがきっかけで注目され，88歳で写真集が出版される。足腰が弱いため，室内での撮影が中心。その作品群は独特の個性をもつ。

　さて，こうした1人のおばあちゃんの人となりから何を学ぶか。

　西本さんはどうしてこんな自撮り写真を撮るのでしょう。

　まずは，こうした西本さんの歩んだ人生に魅力を感じるかどうかということ。もし，魅力を感じたならば，彼女の心の鏡に何が映っていたのかを想像すること。そうでないならば，1人の女性の人生を変えるきっかけとなったものは何かということを探ること。こうした問題意識をもつことで，彼女の心の鏡には何が映っていたかを想像できるだろう。

主として自分自身に関すること

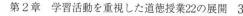

つまり，西本さんが本気になって取り組んだ写真の魅力を考えることで，生徒おのおのがじっくりと自分の心の鏡と向き合うことへとつながり，そこから自分の未来を見出そうとする姿勢へと結びつくのではないだろうか。

3 教材開発のきっかけ

　カタログハウスの「通販生活」という雑誌をご存知の方も多いことだろう。現在は終了しているが，この HP に「西本喜美子先生のおもしろ自撮り教室」というコーナーがあった。合成写真やトリック写真など興味を引く写真であればなんでもよしということで，投稿された作品をコンテスト形式で表彰するという趣旨である。

　自分でも同じような作品を撮影して，加工しているので，その面白さを審査するにはもってこいの存在だということだろう。彼女曰く，

どんな写真も自分が楽しんで撮った写真は必ず輝いている。

　ユニークな自撮り写真はもちろんのこと，自分の趣味をとことん追求する姿勢は人生を楽しんでいるように見える。こうしたパワーの源はいったいどこからくるのだろうか。このような問いが私の心の鏡に映ったことが，[向上心，個性の伸長] のテーマに取り上げようとした動機とも言える。

　ところで，同じ写真家でも，4,000人の遺影を撮影してきた「遺影写真家」能津喜代房さんもまた稀有な１人と言える。広告写真を手がけていた能津さんはデジタル化によって仕事につまらなさを感じるようになり，100年後も残る魅力に取り憑かれ，60歳にして遺影写真家に転職する。そんな彼は，あるとき遺影写真を撮影したお客から，次のように言われたのが心に残っているそうだ。

だってね，能津さん，自分がいつ死んでしまうかわかる？　わからないでしょう？　でも私はね，もうわかったのよ。だから今やらなきゃいけ

ないこと，伝えなきゃいけないこと，残したいこと，全部準備できるんです。これって幸せだと思いません？

（https://www.shigoto-ryokou.com/article/detail/387より）

がんで余命半年と宣告されたことで逆に気持ちに区切りがつけられ，いい表情で遺影を写していく老婦人。その姿を見て，**「遺影写真を（生前に）撮ることはタブーなことじゃなくて，大事なことなんですよ。自分の生き様，自分の元気な姿を家族の方にプレゼントしてあげるということなんだから」**と，彼は心に刻んだのである。

4 授業実践への手立て

> 「心の鏡」に映ったことを見つめ直してみよう。

これをさらに補助発問として具体的に提示したのが以下である。
・新たなことを始めるのに，年齢制限は必要だと思いますか？
・自分より年下の仲間ばかりでも，チャレンジできますか？
・もっと高く，もっと広く，そしてもっと深く，あなたは一つのことを突き詰めようとしていますか？
・何よりもあなたは，それに夢中になって，自分らしく楽しむことができていますか？

時折，「自分らしく過ごしなさい」と生徒に指導している教師の姿を見かける。しかし，この「自分らしさ」というのが具体的な像としてはなんともイメージしにくい。

何をもって「自分らしさ」と言えるのか。その「自分らしさ」は至極個人的なものであるがゆえに，人には理解できないものと言えるのではないのか。それでも，「自分らしさ」を求める意味とはなんなのか。「自分らしさ」を追求するがゆえに，「独り善がり」な振る舞いとして見られたりはしないのか。

こうしたさまざまな疑問が頭の中を駆け巡ることとなる。

　西本さんや能津さんの生き方を知る意味は大きいはずだ。西本さん曰く，

> こんな身近に，残りの人生を楽しんでいける素晴らしい道具があった。

と，カメラの素晴らしさを評価している。そんな素直な気持ちはもちろん，何歳になっても新しいことに挑戦しようとするチャレンジ精神に，心を打たれない人はいないだろう。そう思えることが，私自身の心の鏡に映ったありのままの感想である。

　授業の最後に，次のように問いたい。

> あなたが本気になってとことん打ち込めることはなんだろう。

《参考文献：西本喜美子『ひとりじゃなかよ』（2016，飛鳥新社）》

ちょっと一息　「先生，道徳って何を学ぶ教科ですか？」

　他の教科と違って，道徳は何を，どう勉強したらいいかが漠然とした教科と言えるでしょう。国語の読み取りとどう違うのかがわからないとか，著名人の紹介で終わってしまうような授業とか，教師の一方的な解説を聞くしかない授業とか……。そうした不安や不満が隠れている質問かもしれません。

> 人々の感情と行動がなぜ一致しないのかを学ぶ教科です。今日一日，自分にそんな場面がなかったか振り返ってみましょう。

　道徳と実生活を結びつけて考えることができれば，道徳を学ぶ意義はおのずと生徒にも伝わるはずです。生徒が納得して道徳を学べるような説明を，自分の考えとして伝えたいものです。

主として自分自身に関すること

希望と勇気，克己と強い意志 〔中学2年〕

4 決心の重さを読み解く「コンプレックス」

1 コンプレックスの質を考える—学習活動の価値—

　中学生は悩み多き年代である。毎日誰かが，何かに悩んでいる。特に，外見や容姿に関わる悩みをもたない生徒なんて一人もいない，と言っても言い過ぎではないだろう。

　「心」はいくらでも変えることができる。しかし，「体」や「顔」はどうだろう。変えられないというのが前提だが，実際には美容整形をすることで変えることもできる。例えば，隣国の韓国では，文化的な背景や競争社会といった要因により「美」の位置づけが日本とは異なるため，美容整形を取り入れる割合が非常に高いと言われる。

　一方，日本でも近年美容整形を取り入れる若者が増えている。特に，見た目を評価される職業の人は，容姿に関するコンプレックスに悩んでいる。

　例えば，次に示すのはある女優の手術後のコメントである。

> 　あれ？　なんか最近雰囲気変わった？　と思っていた方もいらっしゃると思いますが，輪郭矯正という骨から輪郭を整える手術をしました。
> 　美容整形です。
> 　《中略》
> 　色々な意見があると思います。それも全てありがたいです。
> 　コンプレックスな部分を少し変えました。私は胸を張って，手術してよかったと思います。
> 　美容整形については，肯定も否定もするつもりはありません。
> 　決めるのは自分だと思っています。

みなさんはこの言葉をどう受け止めるだろうか。この女性の思いをきっかけにして，［希望と勇気，克己と強い意志］の授業を試みた。

2 決心の重さを読み解く ―道徳教材としての価値―

その女性は，有村藍里。女優有村架純の実姉であり，芸名から本名に変え，女優として活動している。「口元の突出感，笑うと歯茎が露出してしまうガミースマイル，口が閉じにくいこと」など，口元に対するコンプレックスをずっと抱えていた彼女は，その苦しみを次のように語っている（参考・引用：「有村藍里オフィシャルブログ」https://ameblo.jp/airi-arimura/entry-12444015591.html）。

> どんな意見も受け入れてそれも糧にして進み続けようと決めたのに，なぜかもう一歩が踏み出せなくなり，立ち止まってしまいました。
> 　口元が気になって人前で素直に笑うことが怖くなっていました。
> 　あと少しここがこうなっていれば…毎日メイクをするたびにその気持ちが溢れてきました。

この苦しみの重さは女優ゆえのものかもしれないし，誰にでも当てはまるものかもしれない。しかし，通常ここまで悩んだとしても，美容整形という決心はつかない。たとえ手術の決心がついたとしても，周囲にはその事実を隠し続けることだろう。

> 彼女の決心を支えたものは何だったのだろうか。

必然的に上記の問いに導かれる。
「変わることも怖かった。変われないままでいることも怖かった」……彼女自ら**「言ってることが矛盾していてわけがわからないかもしれませんが，どっちも本当の気持ち」**と述べているように，自分が美容整形によって顔を

変えることに対する激しい気持ちの揺れ動きが窺える。

　ところが，彼女がブログで自分の思いを告白して以降，若い女性を中心に共感のコメントが多数寄せられた。見た目や外見を変えたいと願う人の多さとともに，内面の変化を期待する人が多いのかもしれない。

3 教材開発のきっかけ

　何かを変えたいと願う人は他にもいるのではないかと考えて調べていくと，3人の人物にたどり着いた。

　1人目は，キラキラネーム（派手な名前）の「王子様」で話題になって，改名に至ったＡさん。改名した後，彼は**「結局，全ては自分次第だと思います」**と語っている。

　2人目は，性別違和によって，身体が男性で心が女性である MtF のＢさん。心が女性だと気づいてから会社でも少しずつ理解してもらえるように服装から徐々に変えていったという彼女は，**「誰かに言われるからじゃなくて，自分がそうなりたいからっていうのを大事にしたい」**と語っている。

　3人目は，性転換後性別移行をして漫画家になったＣさん。自身の実体験を漫画に描いた彼女は，**「とにかく自分の中を見つめ続けて，自分がどうしたいかを知ることですね」**と語っている。

　この3人のこれまでの人生を示しながら，次の問いを考えさせたい。

次に示す3人の共通点は何だろう。

　共通点は**「自分」**である。自分の置かれた境遇なり，周りとは異なる自分の存在なりを，なんとかしたい，なんとか変えたいという思いが行動へと駆り立てる。そこに至るまでは迷い，葛藤しながらの毎日であっただろうが，決心した後は一切後悔はしていない。恐らく少しでも後悔したならそうした行為には至らなかったであろう。

主として自分自身に関すること

> １㎜でも可愛くなりたい。
> その精神を持ってまた一歩，進みます。

　有村藍里さんが先のブログにおいて，こうした言葉で締めくくる意味は決心の表れと捉えて間違いないだろう。

4 授業実践への手立て

　授業の終末段階で取り入れる発問は次の２つである。

> コンプレックスを抱える友達は，あなたの言葉をどう受け止めると思うか。

　人には語ることのできない自分だけの悩みを，「コンプレックス」と呼ぶのだろう。人間誰しもコンプレックスを抱えている中で，それを打ち明けられたときにどう返したらよいのか，という視点から考える問いが上記である。
　返す言葉はもちろん，対応や存在といった友達としての「在り方」が問われることとなる。「寄り添う」とは，心地よい言葉を語ったり，何かをアドバイスしたりすることではない。ただじっと，相手の傍にいて，相手が語る話に耳を傾ける。そのときに，相槌を打ったり，頷きを入れたり，関心を示したりする。そんな純粋な安心感へと導いてあげることから，寄り添うことが始まるのではないだろうか。

> 友達に悩みや苦しみを伝えるために，必要なのは何だろう。

　もう一つは終末段階の問いとして，上記を考えさせる。
　安心できる関係が築けたなら，今度は語る側の問題である。抱えているコンプレックスを解消するために，勇気をもって行動へと結びつけられるかど

うか。そこには当然，強い意志，克己心が必要となるだろう。

　美容整形であれ，改名であれ，性転換であれ，何かを大きく変えようとするときには必ず痛みが伴う。そのときに「自分」を優先し，「自分」を大事にしていいんだと思えるかどうか。「自分」で決め，「自分」が覚悟したことに「自分」で納得できれば，その先には明るい未来がやってくる。

　この授業を通して，「自分」に向き合って，新たな「自分」の存在に気がつくことができれば，その価値は大きいと言えるだろう。

 「先生，道徳に正解はあるのですか？」

　これもよく生徒から尋ねられる問いではないでしょうか。知識偏重主義の教科の影響かもしれませんが，生徒にとっては正解があることで安心できる要素もあると言えるでしょう。しかし道徳では，正解よりもむしろ納得解を相互に見つけ出す授業を目指したいところです。

> 自分は正しいと思うことでも，世の中にはそうではないと思う人もいるはずです。誰もが納得できるような解をみんなで見つけ出しましょう。

　こう説明する一方で，「先生の方こそ決めつけたり，押しつけたりしているのではありませんか」などと指摘されるようではいささか問題です。教師自身の道徳性が問われることにも注意したいものです。

主として自分自身に関すること

Ⓐ 主として自分自身に関すること

真理の探究，創造　　　　　　　　**中学1年**

5 過程と結果を比べてみる 「愛される職場」

1 過程と結果を比べてみる―学習活動の価値―

　中学1年の国語科の授業で「接続語のはたらき」を学習する時間がある。小学校時代の既習事項の発展であるが，以下のような問題文を提示した。

　Ａ：一生懸命練習した。（　　　　），準優勝だった。
　Ｂ：一生懸命練習した。（　　　　），準優勝だった。

　どちらも同じ文構成なのだが，Ａ，Ｂそれぞれに異なる接続語を入れて，意味の違いを考えよという問題である。解としてはＡには「だから」，Ｂには「しかし」という接続語が入るものとする。

　問題はここからである。Ａは，「準優勝」できたのは「一生懸命練習した」からという過程に満足するものであり，Ｂは，「一生懸命練習した」過程よりも「準優勝」という結果にこだわる意味合いが強い。それゆえ，Ｂには満足よりも不満の要素が強く伝わってくる。

　別な言い方をするならば，Ａは周囲からは見えない練習過程に本人が満足しており，Ｂは周囲からも見える試合結果に本人が不満を感じている。

　さてこの感覚をつかませるために，生徒にも次のような例文を考えさせる。

　Ａ：一生懸命（　　　　　　）。だから，［　　　　　］だった。
　Ｂ：一生懸命（　　　　　　）。しかし，［　　　　　］だった。

---

2 メリットを比べて選択する—道徳教材としての価値—

　このことを実際の例に置き換えてみる。北海道では有名な「六花亭」という菓子メーカーが帯広市に本店を構えている。北海道内には数多くの店舗を出しているが、いまだ本州には出店していない。そこにはある理由が隠されているからである。

　あるとき、東京の有名百貨店の担当者から、都内に出店を打診された。そこで、当時の六花亭、小田豊社長は考えた。一つは〈目に見えるメリット〉（出店するメリット）、もう一つは〈目に見えないメリット〉（出店しないメリット）である。

〈目に見えるメリット〉	〈目に見えないメリット〉
・売り上げ規模拡大 ・新規出店加速 ・大量生産・機械化 ・売り上げUPを目指す成長企業 ・短時間・効率重視で価値を上げる	・従業員の質を維持 ・北海道以外に出店しない ・職人の手作業での菓子作り ・売り上げUPを目指さない成熟企業 ・時間をかけて価値を上げる

　さて、ここで生徒に次のように問いたい。

> あなたが社長なら、2つのメリットのうちどちらを選択するだろうか。

　「売り上げ」の拡大を目指すのが社長の役割と考えるなら、当然〈目に見えるメリット〉を選択するはずである。一方で、「売り上げ」の拡大によるしわ寄せが後々ツケとなって回ってくる可能性を危惧するなら〈目に見えないメリット〉を選択するであろう。

主として自分自身に関すること

3 教材開発のきっかけ

> デキモノと食べ物屋は，大きくなったら潰れる。

　これは小田社長の父であり菓子職人であった先代社長の豊四郎さんが生前口にしていた言葉である。この言葉を常に心がけた小田社長は，経営の王道とはかけ離れた独自路線を選択してここまで六花亭を築き上げてきた人物と言える。したがって，東京出店の打診に対し，明確な意志をもって断ったというのが彼の選択だったのである。これはつまり，〈目に見えるメリット〉よりも〈目に見えないメリット〉を選択したことになる。換言すれば，「しかし」よりも「だから」の論理を優先したと考えるのは飛躍しすぎであろうか。
　授業においては，次の問いを考えさせる。

> 〈目に見えないメリット〉を強調する方法として，どのような具体策を取ったのだろうか。

　下記は，六花亭が従業員のために設けた制度である。

> ◇社内旅行制度：6人以上の旅行で費用の7割を会社負担
> 　　　　　　　　（上限20万円）
> ◇月間MVP：成果を上げた部署に賞金
> ◇今月の顔（月間賞）：成果を上げた社員に20万円
> ◇白騰賞（年2回）：月間賞の中から最優秀者にカナダ旅行と100万円
> ◇マッチングギフト：会社と社員が寄付を積み立て奨学金に利用
> ◇ごろすけ保育園：本社の隣に設立した社内保育園
> ◇エルダー制度：65歳以上も働ける制度

　六花亭で働く従業員は笑顔であふれている。実際，上記のような制度が整

っていることが働きがいにつながり，六花亭で働くこと自体が生きがいへと
つながっているからだろう。従業員からすると，「一生懸命仕事した。だか
ら，働きがいがある」という気持ちに結びつくに違いない。働くことにおい
ては「結果」よりも「過程」が尊重されることに気がつく生徒がいるはずだ。

4 授業実践への手立て

　2018年9月に発生した胆振東部地震。ブラックアウト（大規模停電）によ
り，六花亭の工場生産もストップし，商品の各店舗への供給も難しい状態と
なった。それでも六花亭の各店舗は，震災当日から自動ドアを開けっ放しに
したまま，地元のお客さんのために店を開け続けたという。

> なぜ，六花亭は震災にもかかわらず営業できたのであろうか。

　この問いを考えさせることで，結果も大事だが，そこにたどり着くための
過程の重要性が，おのずと浮かび上がることだろう。
　小田社長の願いは「地元の人たちに愛され，町と共に残っていく会社であ
りたい」であり，従業員の誰もが同じ願いをもっているに違いない。そうし
た社長と従業員の思いが一体化できる環境作りこそ，見習うべき要素である。

> 一生懸命（働いた）。だから，［地元の人たちに愛され］た。

　中学生に「過程」の大切さを訴える教師は多い。ただ，こうした具体的な
エピソードをもとに語れる教師は少ない。「しかし」と考える前に，「だか
ら」と考えながら，学び合って，働き合って，高め合うことの大切さ。そこ
に生徒がおのずと気づくことができれば，この活動の価値は大きい。北海道
に根ざす秀でた地元メーカーだけに，語り継いでいきたい話題の一つである。
　《参考：「カンブリア宮殿」公式HP「熱狂ファンを生み続ける"六花亭"震災に負けない！
　　　　　　　　　　　　　　　　　　　　　　　　驚きサバイバル術の全貌」》

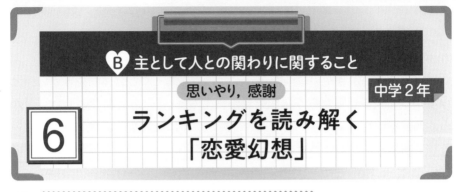

思いやり，感謝

中学2年

6 ランキングを読み解く 「恋愛幻想」

1 ランキングを読み解く―学習活動の価値―

　かつて「ザ・ベストテン」や「トップテン」という歌謡番組が流行ったように，いつの時代においてもランキング（順位づけ）というのは人を惹きつける要素がある。道徳の授業においても，授業の冒頭にランキングを用いることにより学習者の興味関心を掻きたてる効果をもつ。

　㈱JCBは2018年1月，全国の20歳～39歳の働く女性を対象に「イマドキ女性の節約意識に関する調査2018」をインターネットで実施した。その調査の中に，「結婚相手に選ぶならどんな人がいいか」という問いがある。複数回答形式ではあるが，結果は以下の通りである。

◆結婚相手に選ぶならどんな人がいいか [複数回答形式（3つ）]

		%				%
1位	育児や家事をしてくれる人	53.7		9位	会話を合わせてくれる人	13.6
2位	浮気と無縁で自分だけに優しい人	42.1		10位	おしゃれな人	11.9
3位	仕事を頑張る人	32.2		11位	心も体もマッチョな人	8.2
4位	会話が面白い人	27.6		12位	気弱で暴力と無縁な優オトコ（やさおとこ）	8.2
5位	節約が得意で家計に優しい人	24.8		13位	背が高い人	6.5
6位	優良企業勤めで収入が安定している人	23.0		14位	誰にでも愛想が良い人	6.2
7位	高収入な人	16.4		15位	スポーツマン	5.6
8位	イケメン	15.7		16位	高学歴な人	4.3

（https://www.global.jcb/ja/press/news_file/file/180205_imadoki.pdf より）

　異性についての理解を深めるためには絶好の資料と言える。以下に，この資料を用いたランキング形式の授業展開を記していく。

2 順位予想で問いを生み出す—道徳教材としての価値—

　ランキングを考えさせる際，大事なポイントは「どこを隠すか」である。裏を返せば，「どこを明らかにするか」によって学習者に考えさせたいフレームが形作られることになる。

　1980年代末のバブル景気全盛期に，女性が求める結婚相手の条件として「高学歴」「高収入」「高身長」といった「三高」がもてはやされた時代があった。それから30年近く経った現代，「高学歴な人」（16位），「高収入な人」（7位），「背が高い人」（13位）といずれも上位には入っていない現実がある。イマドキの女性からすると「三高」は過去の話であることが伝わってくる。

　道徳においてこうした歴史の流れを認識する意味合いは大きい。なぜなら，現在の自分の立ち位置を見つめ直すことが未来に向けての一歩につながるからである。上記3つの条件をあえて隠すことによって，「三高」の意味を「明らかにする」価値へと導きたいものである。

　次に，上位5位の項目を隠す。「節約が得意で家計に優しい人」（5位），「会話が面白い人」（4位），「仕事を頑張る人」（3位），「浮気と無縁で自分だけに優しい人」（2位），「育児や家事をしてくれる人」（1位）といった上位の条件をしっかり分析させた上で，2018年は平成末期という世相を映す鏡として，共通点と相違点を分類していく材料としたい。

　結果，「家族に優しい」「私（妻）だけに優しい」そして，仕事熱心で節約が得意な「家計に優しい」という「三優」が現代の理想条件であることが浮かび上がってくる。この「三優」という視点は簡単には出てこないだろうが，グループワークを通して引き出したい。その際，特に女子生徒がリーダーシップを発揮するであろうことは容易に想像できる。なぜなら，追究過程そのものが異性との差異を明確にする役割を果たすからである。

3 教材開発のきっかけ

　そもそもこのテーマは，博報堂生活総合研究所が実施した子ども（小4〜

主として人との関わりに関すること

中2）を対象とした大規模調査「子ども調査2017」によるところが大きい。

この調査は20年前の1997年から同じ調査設計，項目で実施されている長期時系列データ（ロングデータ）であり，その分析から20年間で起こった子どもたちの変化が見えてくる。同時に実施した家庭訪問調査や小中学校の先生などへの取材から，今，子どもたちに生まれている新しい価値観や生活行動について解説している。博報堂生活総合研究所・酒井崇匡さんの連載「こども20年変化」第1回が，PRESIDENT Online に掲載されている（参考：https://president.jp/articles/-/23887）。

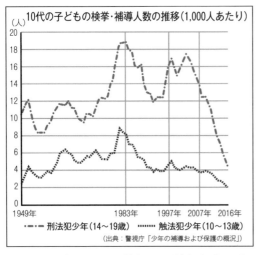

（人）**10代の子どもの検挙・補導人数の推移（1,000人あたり）**

1949年　1983年　1997年　2007年　2016年

-・-・- 刑法犯少年（14〜19歳）　・・・・・ 触法犯少年（10〜13歳）

（出典：警視庁「少年の補導および保護の概況」）

この記事の中で，「**今の子どもたちにとって，不良はもうモテの対象じゃありません**」という中学校現場に勤める一教師の言葉が紹介されている。上記の「10代の子どもの検挙・補導人数の推移（1,000人あたり）」（警察庁「少年の補導および保護の概況」）は，「不良」そのものの減少を示すデータである。かつて流行った"盗んだバイクで走り出した"尾崎豊の歌は忘れ去られ，「"逃げ恥"の星野源のような，優しくて，清潔で，頭のいい子」がモテる男子像となったことを意味する。「**敵だった大人がソフト化した結果，子どもは逆らい続ける必要がなくなった**」というのが，酒井の分析である。

こうした時代の変化を目の前の中学生に認識させた上で，異性を理解し，そこに向かう自分を見つめ直させることが，本授業の目指すところである。

4 授業実践への手立て

「恋愛普及幻想」という心理学用語がある。これは「恋人がいる人の方が多い」という恋人憶測割合が，恋人現実割合を6割ほど上回るという思い込

みの実態である。「恋人のいない自分は少数派だ……」という思い込みに，「恋人のいない自分はネガティブな要素をもっている」といった恋愛に対するネガティブな感情が加わると，自尊感情は下がり，「自分はダメなヤツだ……」という思い込みが強くなる。昨今の若者像を現す一つの要素とも言えるかも知れない。

　前出の星野源さんは，自身がパーソナリティを務める「オールナイトニッポン」（ニッポン放送）において，"昔は自分に自信がなかったが，中身をよくすることで自然と自信がもてるようになった"と，語ったことがある。これをヒントに，次の発問をなげかけてみてはどうだろう。

> では，どうしたら，中身をよくすることができるのだろう。

　自尊感情が低下している者に対して，「人間外見ではない，中身だよ」と言ったところで意味をなさないのは明らかである。よって，上記の発問に対する解はそう簡単には見つからない。

　それに対し，例えばかつてラジオのこども電話相談室にて，小6の女の子より「好きな人に告白する言葉を教えて」という質問を受けた際，故・永六輔が回答した次のような言葉を生徒たちに提示してみてはどうだろう。

> 言葉は一番大切です。
> でも，好きな人に「あ，この子好きだな」とか「いい人だな」と思われるには，「おなべをいっしょに食べて同じものをおいしいと思う」，「夕やけを見て，両方が美しいなと思う」というような同じ感動を同じ時点で受け止めるのが一番効果があります。
>
> 例えば，「いただきます」とか元気な声で言っていると，それだけで「あの子いただきますって言ってるな。きっといい子なんだろうな」と思うじゃないですか。

「あなたがすき」ですとか，「キミを僕のものにしたい」とか，「世界の
どこかで待ってる」とか，そういうのはあんまり効果がありません。
「きれいだな，おいしいな，うれしいな」ということが同時に感じあえ
る環境が一番大事。

だから，「好きです，嫌いです」という言葉ではなく，いい言葉を使っ
ている子は好きになれる。「あの人ならこの言葉は好きだろうな」と思
った言葉を何気なく使っているときの方がドキンとします。「あなたが
好きです」というのは最悪な言葉です。

だから，いっしょの環境にいるときに同じ感動をする場面に出来るだけ
いっしょにいる。スポーツの応援でもいいです。そうすると，使いあっ
ている同じ言葉にドキンとすることがあって，それが愛なんです。

自分でいうのもおかしいけど，ひとりでご飯を食べてておいしいことな
いです。ひとりで野菜を食べているときは本当にさみしい。やっぱり家
族，好きな人といっしょのほうがいい。

二人っきり，まずはふたりになること。きれいな言葉を使いあうこと，
きれいなことに感動すること，ふたりで声をそろえて感動してください。

　下がりつつある自尊感情を少しでも上向きにできるような視点を，生徒自
らが1つでも2つでも見つけ出せるようにすれば，この学習活動が機能した
と言えるはずである。

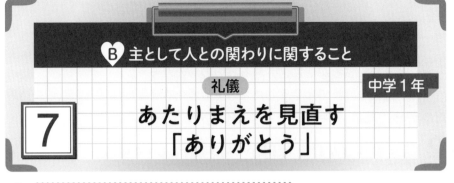

B 主として人との関わりに関すること

礼儀　　中学1年

7 あたりまえを見直す「ありがとう」

1 あたりまえを見直す—学習活動の価値—

　あたりまえを見直す——道徳の授業ではよく使われる表現である。しかし，その対象は広すぎて，「あたりまえ」の基準はもちろん，「見直す」方法も含めて際限がないと言ったら言い過ぎだろうか。

　例えば，次のような問いを生徒に投げかけたならどう考えるだろう。

　なぜ，人は一日に三食，食べなければならないのだろうか。

　「いや，私は二食で十分」とか，「三食でなくたって構わない」などという反論も思い浮かぶが，「そんなのは考えるまでもなく『あたりまえ』のことだから」という一言で済ませられる場合も多い（ちなみに，かつての日本の文化では，二食が主流だったことは調べればわかる）。

　では，次の問いはどうだろう。これは日常的にも，道徳の授業を通じても，誰もが一度は考えさせられる問いのはずだ。

　なぜ，人と人とは，挨拶を交わさなければならないのだろうか。

　この問いに対しても，「そんなのは考えるまでもなく『あたりまえ』のことだから」という一言で済ませられる場合も多い。

　しかし，例えば，世界には「ありがとう」と言わない国があると知ったら，上記の問いに対する解は「あたりまえ」ではなくなる。

　「あたりまえ」を見直すとは，こうした従来の価値観から大きな転換が図

られたときに，思考が活性化される類いのものだろう。

　では，道徳の授業で，そうした思考を活性化させるにはどうしたらよいのだろうか。[礼儀] の授業づくりを通して考えてみたい。

2 見直すきっかけとは何か—道徳教材としての価値—

> 最近，家族に「ありがとう」の言葉を伝えているか。

　アサヒホールディングス青山ハッピー研究所が2012年にアンケートをとったところ，実に約47％が「伝えられていない」「あまり伝えられていない」で占められた。

　なぜ，伝えられないのかという理由を尋ねたところ，「感謝の気持ちを伝えるのが，気恥ずかしいから」というのが65.2％で1位。次いで，「感謝の気持ちは言葉で言わなくても，分かると思うから」「感謝の気持ちを言葉で伝えたりする雰囲気の家庭ではないから」「(離れて暮らしているなど) 言いたい相手と顔を合わせる機会が少なく，言う機会がないから」と続いていく。

　では，感謝を伝えるにふさわしい場面はいつか，という問いに対しては，「家族との食事・晩酌の時」が39.3％で1位。次いで，「母の日，父の日，いい夫婦の日，敬老の日などの公的な記念日」「感謝を伝えたい相手と二人でいる時」「感謝を伝えたい相手の誕生日」などと続く。

　日常的に家族から感謝の言葉をかけてもらっているか，という問いに対しては，6割以上の人が家族からの感謝の言葉を受け止めている。自分が家族に伝える以上に，家族から感謝の言葉を十分に得ていることが伝わってくるのが，「ありがとう」という言葉の魔力なのかもしれないし，家族の価値と言えるのかもしれない。

　毎日を振り返ると，「今日も美味しいご飯をありがとう」とか，「買い物してくれて助かったよ」とか，「お手伝いしてくれるなんて本当に大きくなったね」とか，何気ない会話の中に感謝の気持ちを伝えたり，感じたりする場

面はたくさんある。こうした例も、家族としては自然で「あたりまえ」のこととして価値づけられるのである。

3 教材開発のきっかけ

　かつて、中学校国語教科書3年に「『ありがとう』と言わない重さ」(呉人恵) という随筆があった。ふとしたことがきっかけで、この教材に目を通し関連事項を調べていくうちに、世界にはかつて「ありがとう」を言わない国があったことがわかった。しかも言わないにもかかわらず、それが「重く」受け止められるという、なんともつじつまの合わない現象があることが印象に残った。

　いろいろと調べていくうちに、「ありがとう」に似たものとして、モンゴルの口承文芸の一つに「祝詞(ユルール)」というのがあり、四季折々の労働や風俗習慣に託して、人々の幸福を祈ったものであることがわかってきた。

　一方、ある中学校国語教科書3年には「言葉の力」(池田晶子) という文章が載っており、池田はこの中で、「人間が言葉を話しているのではない。言葉が人間によって話しているのだ」と語っている。時間があれば、「言霊」の意味を考察する上でぜひとも取り入れたい一節である。

　また、現在絶版ではあるが、柚木沙弥郎絵／金関寿夫訳『魔法のことばエスキモーに伝わる詩』(2000、福音館書店) に掲載されている絵も、「言霊」を考える上で注目に値する。

主として人との関わりに関すること

4 授業実践への手立て

まずは，下記のように，生徒が取っつきやすい資料から与える。

Q.「ありがとう」は世界の言葉でなんと言うのでしょう?

言語	ありがとう	
英語	Thank you	サンキュー
中国語	谢谢	シェイシェイ
韓国語	감사 합니다	カムサハムニダ
タイ語	ขอบคุณ	コップン
ベトナム語	Cám ơn	カムーン
トルコ語	Teşekkürler	テシェキュラ
ロシア語	Спасибо	スパシーバ
イタリア語	Grazie	グラツィエ
フランス語	Merci	メルシー
スペイン語	Gracias	グラスィアス
ドイツ語	Danke	ダンケ
ポルトガル語	Obrigada	オブリガーダ

クイズ風にして考えさせた後に，次の問いを投げかける。

「バヤルララー（Баярлалаа）」
これはどこの国の，なんという挨拶の言葉だろうか。

　正解はモンゴルの言葉で「ありがとう」という意味である。モンゴルと言えば，大相撲において白鵬をはじめとした横綱を多数輩出した国でもある。
　そんなモンゴルではあるが，上記の「ありがとう」という言葉はかつてはあまり口に出されることはなかったという。

> 「ありがとう」という言葉があまり口に出されないのはなぜだろうか。
> その代わりに，なんと言って感謝の気持ちを表していたのだろうか。

　調べていくと，時には無言で，時には独り言のようにつぶやいて，「ああ，そうか」「よかった」「よしよし」というのが常だったらしい。それは，相手の好意に対して，その場で口先だけでお礼を言うのではなく，恩を忘れずに胸の中にしまっておいて，いつか行動で表すことを大切にするのがモンゴルの文化であるからとのことだ。

　モンゴルと言えば，青い空，白い草原，そしてどこまでも続く地平線という自然の中で，春の砂嵐や，夏の日照り，冬の雪害など過酷な環境のイメージが強い。そんな地理や気候の中で，**「今日助けることは明日助けられることであり，明日助けられることは明後日助けることである」**という習わしや文化があるのは，モンゴルのモンゴルらしさと言えるのかもしれない。

　こうした背景にあって，前述した「祝詞（ユルール）」がモンゴルの文化と結びついていると考えると，そこにはあえて「バヤルララー」と言う必要性がなくなるという意味も理解できよう。

　翻って，私たち日本人はどうであろうか。言わなくてもわかり合えるといった「察する文化」も大事かもしれないが，あえて「ありがとう」と口に出すことによって感謝の念を表すことも，価値ある日本文化の一つのよさだと私は思う。道徳の授業を通じて，こうした「あたりまえ」の価値を見直していきたいものである。

主として人との関わりに関すること

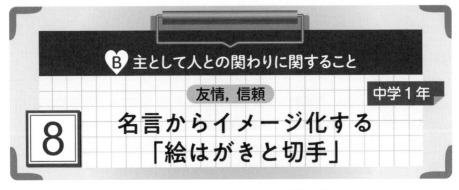

友情, 信頼 | 中学1年

8 名言からイメージ化する 「絵はがきと切手」

1 名言からイメージ化する―学習活動の価値―

　書籍に限らず，巷には名言や格言があふれている。偉人から発せられた言葉だからこそストレートに心に響くものがあれば，その反対に無名な人の言葉であったとしても，ストンと心の奥深くに落ちることもある。

　道徳の授業の中に，名言や格言を取り入れることはありふれたことかもしれない。なぜなら，テーマに結びつく言葉からその意味を掘り下げていくことで，深い学びへとつながっていくことが期待できるからである。

　「絵はがきと切手」（「大きな絵はがき」）という「友達」について考える有名な読み物教材が小学校の教科書にある。「友達」とは何か。「友情」とは何か。主人公の「葛藤」を経て，「お節介」や「無視」といった行為の妥当性を考えることとも結びつく教材と言ってよい。

あなたにとって，「友」とはどんな存在と言えるだろうか。

　教材から一歩出て，授業の導入段階において上記の問いを与える。

　ここで改めて，「友」の名言・格言を参考にしてみる。それによって見えてくることがいくつか出てくる。例えば，次頁の名言について，一つひとつは納得できても，それらが複数絡み合うことによって矛盾を解消するような思考が生まれる。そこに創造性が宿る。言葉の多義性という観点の面白さである。

　そのようにして，生徒一人ひとりの解釈の差を交流・検討するのは，自分自身を見つめ直すことにつながってくる。

真の友をもてないのは
まったく惨めな孤独である。

友人がなければ
世界は荒野に過ぎない。

フランシス＝ベーコン

山から遠ざかればますます
その本当の姿を見ることができる。

友人にしてもこれと同じである。

アンデルセン

多くの愚者を友とするより，
一人の知者を友とするべきである。

デモクリトス

広く好かれれば好かれるほど，
深く好かれないものだ。

スタンダール

2 子どもの悩みを取り上げる―道徳教材としての価値―

　おのおの「友」を定義する。そのこと自体はなんでもないことのように思える。しかし，古今東西における「友」についての名言・格言と比べたとき，その意味が相対化される。「人はこうだが，自分はこうだ。なぜなら……」そこに，自分にとっての「友」とは，という存在価値が改めて確認される。
　例えば，「絵はがきと切手」のなかに次のような文面がある。

　ひろ子さん，お元気ですか。わたしはこの間，たてしな高原に行ってきました。そのときの景色が，とても美しかったので，お送りします。
　来年の夏休みには，ぜひ，とまりに来てください。さようなら。

　絵はがきに添えられた仲良しの正子からの文面である。ごくありふれたこの手紙は，定形外郵便物のために超過料金がかかっていた。それを兄に指摘され，不足料金のことを伝えるかどうかを悩む主人公ひろ子。
　このときひろ子は，「友」としての存在価値に悩んでいるのかもしれない。

自分が知らせないことで,「(ほかの人にも,この大きすぎる絵はがきを六十二円で送るかもしれない)」という迷いが生じ,一人で考えることとなる。

　この場合,ひろ子と正子は,「本当の友達」と言えるのかという問いをもって考えてみる。「本当の友達」なら,苦しいことや辛いことも言い合えるだろう。相手のことを思ってあえて口に出さないで,超過料金のことはそのまま黙っておくという選択をするのは,もしかしたら大人の論理と言えるのかもしれない。

　子ども同士だから素直に言葉にして伝え合える。そして,仲が良ければ良いほど,自分のことはもちろん,相手のためを思える。そこに友達の価値を見出すならば,「友」に関する名言や格言を通して考える価値も高いのではないだろうか。

3 教材開発のきっかけ

　「友達」や「友情」というありふれたテーマの場合,道徳においては身近すぎてその価値を考えづらいのかもしれない。しかし,時代を超えても普遍的な価値が見出せる名言・格言ならば,「昔から言われている通りだな」とか「なるほどそうとも言えるな」という共感に思い至る可能性がある。

　例えば,相田みつをの言葉に次の名言がある。

> 人の為と書いて偽りと読むんだねえ

　「誰かのため」と思ってやっているうちはその行為は「偽り」に過ぎない。「自分のため」と思って成し遂げる行為にこそ価値があると訴えたいのであろう。もちろん,表面的な利己主義を超えての,深い意味へと至る「自分のため」であることは言うまでもない。

　この名言を通して「絵はがきと切手」を読み直したとき,ひろ子が絵はがきの返信に超過料金のことを書き足したことは,人(正子)のためなのか,それとも自分のためなのかといった,新たに考える視点が広がる。

結局，深い意味で「自分のため」と思えるかどうかは，学習者のそれまでの経験や思考が判断基準となる。小学生時代には気づき得なかったことが，大人になるに従って見えてくるというところに，道徳的な判断力や心情に加えて道徳的な思考の深化がともなうはずであろう。

ただ，大人になることが必ずしも道徳的かというと，それには一部語弊がある。柔軟な思考をもつ子どもだからこそ，ひろ子は絵はがきの返信に超過料金のことを書き足せたとも言える。大人になると，余計なことを考えすぎてしまい，逆にそのことを伝えられないで終わってしまう可能性も大きいかもしれない。

4 授業実践への手立て

> 主人公ひろ子の行為をどう見るか。

この教材のカギはここにある。正しい行為でありながら，どこか心の底に「本当にこれでいいのだろうか？」という意識も芽生える。これでは仲良しの正子に嫌われてしまうではないのかと。

ここに人間関係のコミュニケーションの難しさがある。「私だったら手紙で返信を書くのではなく，電話をして伝える」「会ったときに『そういえばあの絵はがき……』と言って直接伝える」「いや，私は最後まで伝えない」などいろいろな考え方にたどり着くだろう。

どれか一つの考え方が正解という訳ではない。深いところまで考えて出した結論ならば，自ずとそこに自分自身を投影していることにつながり，結果**「人のため」を超えて，「自分のため」**という考え方にたどり着くかもしれない。いずれにせよ，納得するためには自己内対話が必要となる。

そして，これからの将来において似たような場面や状況に出くわしたとき，自分にとっての「友」とは何かという考えに及ぶであろう。

最後に，哲学者の池田晶子さんはこんなことを書いている。その意味をペ

アやグループで交流し，自分なりの解釈を深めさせたい。

でも，自分の孤独に耐えられない人が，その孤独に耐えられないために
求めるような友だちは，やっぱり本当の友だち，本当の友情じゃないん
だ。本当の友情というのは，自分の孤独に耐えられる者同士の間でなけ
れば，生まれるものでは決してないんだ。

　孤独に耐えられることが自分を認めることにつながり，自分を愛すること
にもつながる。自分を愛せるからこそ，他人をも愛せるという結論になる。
　生徒たちがこの意味を理解できるまでには，まだまだ時間がかかるかもし
れないが，心に刻んでおきたい言葉であることは間違いない。

　　《参考文献：池田晶子『14歳からの哲学 考えるための教科書』（2003，トランスビュー）》

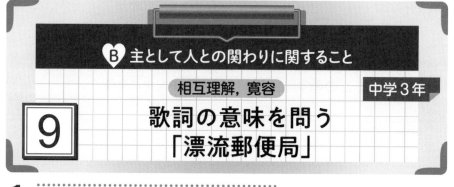

B 主として人との関わりに関すること

相互理解，寛容

中学3年

9 歌詞の意味を問う「漂流郵便局」

1 歌詞の意味を問う―学習活動の価値―

　テーマに見合う歌を取り上げ，歌詞の意味を考えつつ，作り手や歌い手の気持ちを自分に結びつけて解釈する。価値の共有を目指して歌詞の意味を問う手法は，道徳の授業において一般化されつつあると言ってもいいだろう。

　例えば，ある歌詞を示し，次のような問いを与えるとする。この場合，生徒たちはどのように考えたらよいのだろうか。

> 突然届いた一通の手紙に対し，あなたならどう対応するでしょうか。

　「手紙」と歌詞がどう結びつくのだろうかという思考とともに，「突然届いた手紙」に対し，返信を出す必要があるのかないのか，出すのであれば返信の内容は何を目的として書けばよいのか，そもそも送ってきた相手は誰なのかなどと悩むはずである。

　ちなみに，「手紙」をもとにした歌詞は数多く存在する。その中で，例えば次のような書き出しの歌詞に対し，あなたは何を感じるだろうか。以下に，読み取るべきことを簡潔に記す。

> 年老いた私が，
> ある日，今までの私と
> 違っていたとしても
> どうかそのままの
> 私のことを
> 理解して欲しい

・書き手の「私」が年老いていること。

・「私」は老化を恐れ始めていること。

・「私」は「そのまま」の自分を理解して欲しいと願っていること。

・それを誰に願っているかはわからないが，相手に対する願いだということ。

2 どうしてこの歌詞なのか―道徳教材としての価値―

> 「手紙」と聞いて，あなたは何を思い浮かべるでしょうか。

　書き手の思いを伝える一つの形式とか，年賀状など礼儀としての習わしとか，話し言葉よりも書き言葉を好む人向きとか，手紙の意義をめぐってはおのおの自由に思い浮かべることだろう。

　個人的なことだが，私の母はとても筆まめな人で，学生時代から一人暮らしをしている私に対して，よく仕送りに手紙を添えてくれた。若かりし頃の私は，したためてくれた母の思いなどは感じることなく，面倒臭く読み捨てていたものだ。

　しかし，自分が親の立場になってみると，手紙をしたためる思いや我が子に対する気遣い，返信を待ちわびる期待感など，さまざまな思いの交錯が身にしみて感じられる。

　親孝行したいときに親はなしというが，今となっては天国に旅立った母親に対し，手紙の返信を書くことで恩返ししたい気持ちでいっぱいである。

　「手紙」という一つの

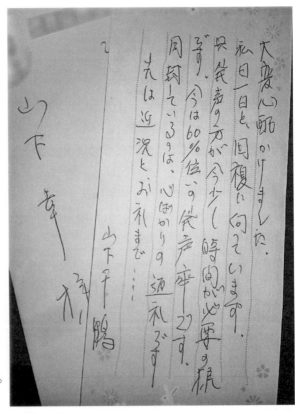

コミュニケーション手段を考える際，こうした授業者自身が経験した思いを取り入れることも価値あることと言えるだろう。

　「手紙」という文化が廃れかかっているこの時代だからこそ，手書きというアナログ文化を介しての気持ちの交流を大切にしたいものである。

3 教材開発のきっかけ

　2013年，瀬戸内国際芸術祭が開催された折，香川県粟島に「**漂流郵便局**」が開設された。これは差出人が心の片隅にしまってある思いを手紙にしたため，私書箱宛てに送るものである。かつてそこにあった郵便局は改装され，ボトルメールを流すための波打ち際を意味する「漂流私書箱」が新たに設置され，訪れた人たちがその手紙を自由に見学できるという形式をとったものである。コンセプトからいっても芸術的な意味合いをふんだんに帯びてはいるが，私書箱に漂っている手紙には差出人の本音が綴られている。

　「漂流郵便局」をきっかけにして，同様の「手紙」を送る場を調べてみると，他にも二つの郵便局を見つけ出した。

　一つめは，岩手県陸前高田市にある「**漂流ポスト3.11**」。その名の通り，東日本大震災によってかけがえのない人をなくした人はもちろん，事故や病気で大切な人を失った人たちが，心の底にたまったやり場のない怒りや無念さを書き記して送るというもの。返信は来ないものの，手紙を書くという行為そのものが，心の痛みを経て一歩前へ踏み出すものとしてその存在価値が尊ばれている。

　二つめは，熊本県津奈木町赤崎から始まって，その後宮城県松島市旧鮫ヶ浦へと場所を移した「**水曜日郵便局**」（現在は閉局）。差出人の水曜日の物語を手紙に書いて送ると，見知らぬ誰かの水曜日の物語が届く。片道通行かもしれないが，無数の小さな物語が交錯し合うという意味においては往復のやりとりと捉えることができるだろう。

　さて，こうした意図的に創られた場所があるからこそ，手紙が色褪せることなく光り輝くことができる。それは同時に，手紙をしたため差し出す人の

心が光り輝くということにもつながってくる。波間に漂流しているように見えながら，その実かけがえのない大切な存在に届くという事実は，どうやら間違いないようだ。

4 授業実践への手立て

　冒頭に示した歌詞は，シンガーソングライターである樋口了一さんの「手紙」という曲の一節である。実はこの歌詞は，樋口さんの友人である角智織さんのもとへ差出人不明のポルトガル語で綴られた詩として届いたものである。「親から子への手紙」と感じ，魂が揺さぶられた角さんが日本語に訳し，それに樋口さんがある言葉をつけ加えた上で曲をつけ，一曲の歌に仕上げたものである。

　そのある言葉とは，「悲しいことではないんだ」であり，それを次のような問いとして考えさせることにした。

「悲しいことではないんだ」を２箇所に加えたのはなぜでしょう。

　樋口さん自身，角さんとの対話の中で，次のように語っている。

死生観は人それぞれですが，“命は永遠に続く”ということは，心の奥底では誰もが願っていると思う。だから，肉体的に死に別れるのは寂しいことではあるけれど，決して悲しいことではない，と伝えたかったんですね。

　私の母もそうだったが，親というのは我が子に対してたくさんのことを伝えたいと願っている。それは当然，自分の心身が我が子よりも早くついえる覚悟ができているからである。

　だから，歌詞の結末は，「あなたが生まれてくれたことで私が受けた多くの喜びと／あなたに対する変わらぬ愛を持って笑顔で答えたい／私の子供た

ちへ／愛する子供たちへ」で締めくくられる。この意味を実感できるのは，紛れもなく自分の親としてのいのちがついえる時に違いない。

授業の終末段階では，樋口了一さんが歌う「手紙」を聞かせながら，次の問いを生徒一人ひとりの心に宿したいものである。

> 誰かに手紙を出そうとして，何度も書き直したことはありませんか。
> 書いたまま，出せずに終わった手紙はありませんか。
> 誰かへの想いを，心の奥底で抱えたままにしていませんか。

《参考文献：久保田沙耶『漂流郵便局 届け先のわからない手紙，預かります』(2015，小学館)
　楠本智郎編著『赤崎水曜日郵便局』(2016，KADOKAWA)》

ちょっと一息
「先生，道徳を学んでいるのに どうしていじめはなくならないのですか？」

道徳では，「みんなが幸せになれる」ことを目指している以上，上記は本質的な問いと言えるかもしれません。ただし，いじめをゼロにするような道徳授業はそう簡単ではありません。生徒が納得できるような説明は難しいかもしれませんが，私は次のような説明を心がけています。

> 集団には必ずいじめが存在します。善の中にある悪や，悪とともにある善という人間の本質を道徳を通して学ぶことで，いじめそのものを見つめ直すことはできるはずです。

この説明が機能するか否かは，道徳の授業はもちろん，日頃の学級づくりや授業づくりとの結びつきによるはずです。即効性はなくても持続性を感じさせるようないじめ対応を，日常的に心がけるべきではないでしょうか。

主として人との関わりに関すること

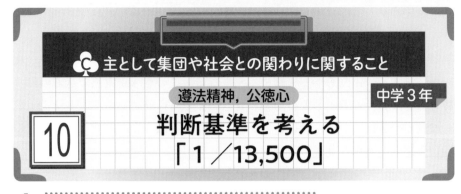

1 裁判員の価値を考える―学習活動の価値―

「1／13,500」……この数字は何を意味するか，読者の皆さんはおわかりだろうか。ある役割に選ばれる確率である。正解は，1年間で裁判員裁判の裁判員（補充含む）に選ばれる確率である。

ゴルフのホールインワンと同程度の確率と言われる裁判員への依頼状が，ある日突然，あなたのもとに届いたならどうするだろうか。もちろん該当事項にあたる人は辞退することも可能であり，希望したとしてもこの先さらに抽選が待っているので，即座に裁判員になれるとも限らない。

「司法に市民感覚を」を合い言葉に，2009年から施行されたこの制度により，これまで90,000人以上の市民が12,000件以上の事件を裁いてきた。殺人や強盗致傷，放火，誘拐などといった重大事件を裁くにもかかわらず，事後の感想には「非常によい経験と感じた」が63.8％，「よい経験と感じた」も32.9％と，プラスの感想は95％を超え，反対の「よい経験とは感じなかった」はわずか0.6％に過ぎなかった。ちなみに，2019年6月時点での裁判員最高齢は，なんと御年96歳である。

では，なぜここまで裁判員の経験に大方の市民は満足できるのだろうか。判断の難しさに自身の考えが揺らぐことはないのだろうか。

2 死刑判断を迫られる怖さと冷静さ―道徳教材としての価値―

犯罪の重さによっては重罪，しかもその究極は被告が死刑となる可能性を考えると，裁判員の任務は酷と言っても言い過ぎではないだろう。

「限られた時間の中，納得したというより，納得せざるを得なかった。素

人にこんな事件をやらせないでほしい」

　ある殺人事件を担当した裁判員は，結果的に死刑の判決が出された後の感想でこう述べている。また，別の事件を担当した裁判員は，「一審で確定するような事件ではないと考えていた」と，三審制ゆえに一審の判決に納得できなければ控訴，上告するだろうと考えていたところへ，被告が控訴しないまま刑が確定してしまったことに複雑な思いを述べている。

　裁判員制度が開始されてから10年間で，死刑が確定したのは37件。つまり，裁判員となった市民が関与した死刑がこの数である（これ以外に，実際には二審以降で死刑判決が破棄されたものも多い）。

　それでも，なぜ裁判員は死刑という判決を下すのだろうか。ある判事は次のように語っている。

> みなさん，"裁判員としてきちんと務めよう"という気持ちがすごく強いんです。本当に真剣に，事件と向き合ってくださっているな，と感じます。もちろん，その事件や被告人に対する怒りとかそういう気持ちがある方もいると思うんですが，真剣だからこそ，その気持ちを持ちながらも，一方で，冷静に考えている方がほとんどだと感じます。

　一つの事件に真剣に向き合い，そのうえで冷静に判断できる客観性こそが裁判員に求められるものである。つまり，日本人の公徳心や遵法精神が，この制度に結びついていると言っても過言ではないだろう。

　一方で，裁判員候補への辞退率が開始当初の53％から，10年経過した2018年度には68％へと10％以上高くなっている点にも注目する必要がある。一説には，裁判員に課せられた守秘義務の対象の無限定な広さと厳しさが背景にあると言われている。守秘義務は裁判後も一生続き，違反すると6か月以下の懲役，または50万円以下の罰金を課せられるという。

主として集団や社会との関わりに関すること

3 教材開発のきっかけ

2019年，平成から令和に移り変わったこの年も，年末にかけて多くの刑事事件の判決が出された。衝撃的な殺人事件が多く，いずれも裁判員となった一市民が中心となって判決を下したことになる。

> あなたが裁判員ならこの事件について，有罪，無罪のどちらを判断するか。また，有罪の場合は，量刑も判断しよう。

死刑か無期懲役か。殺人事件となると，ともすると究極の判断となりがちだが，死刑適用基準に関して言えば「永山基準」の影響が大きい。

①犯罪の性質
②犯行の動機
③犯行態様，特に殺害方法の執拗性，残虐性
④結果の重大性，特に殺害された被害者の数
⑤遺族の被害感情
⑥社会的影響
⑦犯人の年齢
⑧前科
⑨犯行後の情状

わかりやすくするために，具体的な事件をもとにした裁判例を，裁判員のロールプレイ形式で体験させるのが一つの方法となる。

例えば，あることが原因で1人の人を殺害してしまった。偶然ではなく，必然的な結果である。その際，止めに入ったもう1人をも殺してしまった。結果，被告は2人の人物を殺してしまったこととなる。

この事例において，教室の中から無作為に模擬裁判員を6名選び出し，上

記の課題のごとく，実際に有罪か無罪か，そして有罪の場合は量刑も話し合わせることとする。

その際，「永山基準」の考慮が必要となるだろう。ただ，ここで気づいてほしいのは，「永山基準」が本当に死刑基準として妥当なのかどうかという点である。判例主義とも言える日本の司法において，ほぼ絶対的な基準として認知されている「永山基準」であるが，殺人事件の判決のたびに，「永山基準」の妥当性が問題となるのは，それだけこの基準に縛られることに，納得できない被害者遺族が増えている実態があるからに違いない。

4 授業実践への手立て

以上を踏まえて，最終的には次の問いを考えさせたい。

> あなたが裁判員になったとき，何を基準にして「死刑」判決を出すだろうか。

あえて，究極の死刑基準を考えることで，遵法精神の意義を考えると同時に，生命の尊さを深く考えさせたいからである。

２人以上を殺害しない限り死刑にはなり得ないとするならば，被害者の命２つに対し，犯人である被告の命１つという理不尽な結論にならざるを得ない。そもそも被害者遺族からしてみれば人数の問題ではなく，命の価値を無視した許せない行為に対して，納得のいくような刑罰を望んでいるはずである。模擬裁判やロールプレイを通して，そうした市民感情に気がつけるかどうかが，本授業のカギとなってこよう。

実際の裁判員は６名。これに裁判官３名が加わる。死刑であっても，判決は裁判官１名以上が賛成しての過半数により決まってしまう。こうした多数決による判決の下し方が正しいのかどうかも，深く考えさせたいところである。

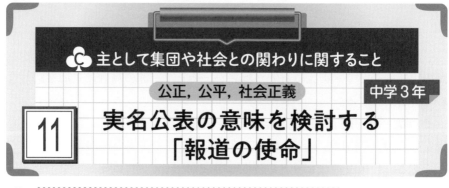

1 実名公表の意味を検討する—学習活動の価値—

　毎朝，新聞を開くと事故や事件の見出しが目に入ってくる。おのずと犠牲になった人のことが気になって，その数はもちろん，年齢や性別までも目で追いがちになる。誤解を招くかもしれないが，幼い子どもや未来ある若者が犠牲になると，ついつい気持ちが沈んでしまいがちになる。

　犠牲者の実名を見て，知り合いかどうかを判断するだけではなく，職業や性別・年齢といった個人情報を追うことでその人の人生に思いを馳せる。取材した側からすると，真実の追究にこそ報道の価値や使命があると胸を張るのかもしれない。しかし，個人情報の保護という観点から考えると，マスコミの過剰報道に，私たち一般庶民が踊らされてしまっているとも言えるかもしれない。なぜなら，犠牲者の中には実名はもちろんのこと，その他個人の情報を公表してほしくないと思っている人だっているかもしれないからだ。

　それは昨今，「報道の集団的過熱取材」（メディアスクラム）などと言われているが，ネット時代の現代においては，SNSをはじめとして一個人の誰もが情報の過熱化現象を引き起こす危険性がある。

　2019年7月18日に起きた京都アニメーション放火殺人事件においては，犠牲者の実名公表が一つの問題となった。未曾有の大量殺人事件に巻き込まれた犠牲者の実名を公表するか否かは，京都府警が遺族の意思を確認することから始まり，報道各社とのせめぎあいを経た結果，実名が報道されるに至った。そこには，犠牲者の実名公表の問題を超えた，人間の存在証明の問題が横たわっているように思える。

2 真実の追究としての実名公表—道徳教材としての価値—

　人間は誰しも唯一無二の存在であり，名実一体の存在のはずである。授けられた名前に見合う生き方をしようと考える人もいるかもしれないが，それよりはむしろ，自分らしく生きたいと願う人の方が多いに違いない。

　ところが，亡くなったときに，自分の名前をどこまで知らせてほしいかということはおそらくあまり考えたことがないはずだ。遺族が訃報を知らせる上で新聞のお悔やみ欄があるが，それも葬儀過程での慣例として申請している方が多いことだろう。

　病気や老化，または避けられないような不慮の事故で亡くなるのと，故意的な事件で亡くなるのとを比べれば，後者の方が実名公表の問題が表面化しやすい。そこには加害者と被害者という関係構造が存在するからであり，少なからず当事者としてその家族にも影響が及ぶからであろう。

　今回の京都アニメーション放火殺人事件においては，時期をずらし二度にわたって，京都府警から亡くなった被害者の実名が公表された。亡くなった被害者全員の実名が公表された翌日の８月28日付けの朝刊各紙には，各新聞社の見解が概して次のように掲載されている。

朝日新聞：「お一人お一人の尊い命が奪われた重い現実を共有するためには，実名による報道が必要」

毎日新聞：「（実名報道を含め正確な事実を報じることが）事件の全貌を社会が共有するための出発点」

日本経済新聞：「検証や再発防止につなげるために原則，実名報道をしている」

読売新聞：事件から１か月にあたる８月18日の社説にて，「実名を基にした取材によって，警察発表の事実関係をチェックし，正確性を高めることは，報道の使命でもある」

主として集団や社会との関わりに関すること

その他の新聞・報道各社も，「性別と年齢だけでは失った存在の大きさは伝えられない」（産経新聞），「事件の重大性や命の重さを正確に伝え，社会の教訓とするため，被害者の方の実名を報道することが必要」（NHK），「関係者の安否を明確に伝え，事件を社会全体で共有するには，氏名を含む正確な情報が欠かせない。尊い命を奪われた一人一人の存在と作品を記録することが，今回のような暴力に立ち向かう力になると考えている」（京都新聞）などと，実名報道の意義を声高に強調している。

しかし，である。本当に被害者の実名を報道することが，真実の追究になり得るのであろうか。実名を公表されることが亡くなった人にとって幸せなことなのだろうか。これらの疑念がどうしても拭えない私は，次のような授業づくりに取り組んだ。

3 教材開発のきっかけ

被害者遺族の考え方もさまざまである。例えば，実名公表を拒否し，匿名での報道を希望している遺族もいれば，これまで通りの発表と同じで構わないことを望んでいる遺族もいる。また，「息子は『35分の1』ではない。ちゃんと名前があって毎日，頑張っていた」ので，その功績を名前とともに残してほしいと望む遺族もいる。

そこで，授業の中では次のような問いを与える。

> 被害者の実名公表，あなたは何を基準にして考えるか。

あまりにも悲惨で，理不尽極まりない事件だっただけに，この問いに対して思考と判断を求めるのは大人相手であっても酷なことと言えるかもしれない。しかし，犠牲になった被害者一人ひとりの人生に思いを馳せ，その存在証明のあり方まで考えていくことで，この事件の本質にほんの少しでも近づくように思える。「『35分の1』（後に1名増えて36名となった）ではない」と強くアピールした遺族の気持ちからしてみたら，未来ある人生を奪った加

害者に対する憎しみはもちろん，野次馬根性でなりゆきを覗っている世間一般に対しても批判の刃を投げかけているように思えてならない。

4 授業実践への手立て

> 大勢の命を奪った男の名前ではなく，失われた人たちの名前を語ってください。男はテロリストで，犯罪者で，過激派です。私が口を開く時，この男は無名です。

　上記は2019年3月15日，ニュージーランドのクライストチャーチモスクで銃乱射事件が起こり，51名もの犠牲者を出した折，ジャシンダ・アーダーン首相が語った言葉である。犯人が手に入れようとした「悪名」を一切語らずに，失われた被害者の「名前」を語るように国民に訴えた。

　一方で，SNS隆盛の現代，メディアが公表しなければ世間の人々がネットで加害者について詮索する弊害を指摘する声もある。つまりは，公表しなければ逆に，犯人や事件に対する人々の好奇心はもっと高まるのではないかという批判へとつながってくる。

　そんななか，2019年8月11日，アメリカワシントン・ポスト紙は1966年以後同国で発生した銃乱射事件の被害者1,196人の名前の一覧を12ページにわたり掲載した。

　同紙は，「このページは，彼ら被害者，そしてその家族や友達に捧げます。これは，私たち，そしてこの国中の誰もが，失った人々を忘れないようにするためです」と，掲載の意図を説明している。1,196人という被害者の膨大な数はもちろんのこと，その一人ひとりに存在していたはずの未来ある人生が，理不尽極まりない突然の事件とともに奪われる。その実態を鑑みたとき，私たちにはいったい何ができるのだろうか。

　真実を知る。そのこと自体は誰もが目指すべきことである。一方で，めまぐるしく変わる情報に振り回され，誤った情報も含めて無意識のうちにすり

込まれていく私たち。確かなものは存在しない現代において，何を基準に判断するかは，私たち自身の思考や思想に委ねられている。

> 被害者の実名公表，あなたが考える基準は，誰かを救っているだろうか。

　自分の考える基準は誰にとって価値あるもので，結果，誰かを救うことになっているのか。そう胸に手をあてて問うことでしか，この問題は解決には近づかないように思える。

　しかし，上記の問いを出す私の側にも，明確な答えがあろうはずはない。ただその答えが，もし誰も救うことができずに，自分だけが満足するような基準をもとにしているならば，それはおのずと加害者の側に立つことを意味することは誰もが想像できるだろう。

　正義というのは，実に危うい感覚である。

ちょっと一息

「先生，道徳の授業では，どう書いたらいいのでしょうか？」

　多くの学校では道徳授業の際にワークシートを取り入れていることでしょう。話し合いにおける意見・感想の交流や，事後の評価資料として機能させているのがほとんどでしょうが，中には書くことに対する抵抗が大きい生徒もいるはずです。また，書き方の適否一つで，成績に影響すると考えている生徒もいるかもしれません。

> 飾らずに，思いのままを書きましょう。あなたの考えていることが，友達や先生に伝わることが大切です。でも，一番大事なのは，書くことで自分が納得できるかどうかです。

　話し合いもそうですが，最終的には書くことで学びが深まることを目指して，ワークシートを機能させたいところです。

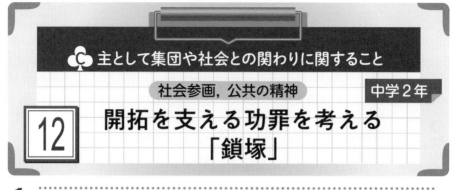

社会参画，公共の精神　中学２年

12 開拓を支える功罪を考える
「鎖塚」

1 開拓を支える光と影を浮かび上がらせる―学習活動の価値―

　「北の大地」とも称される広大な北海道は，東京都のおよそ40倍，日本国土のおよそ22％を占める。

　明治時代，原野が広がり未開の地であった北海道の開拓と整備を推し進めるために，道路建設は急務であった。屯田兵や入植者たちがその労に携わっていたが，とりわけ原始林に覆われた道内の北部や東部の奥地に進むためには道路建設が不可欠だった。大変な労働力と多額の費用を必要としたことから，かつての明治政府が考え出したのは，囚人たちを労働力として使役させることであった。

　国事犯・政治犯などで，1885（明治18）年には囚人数が過去最高の89,000人まで膨れ上がった。収容施設の増設と北海道の開拓を目的に，1881（明治14）年に樺戸集治監，翌1882（明治15）年に空知集治監，その３年後には釧路集治監が次々と開設されたのである。そんななか，富国強兵政策とともにロシア帝国からの脅威に備え，人員や資材の運搬路となる道路を建設することが必要であった。明治政府にとって，未開であった北海道に，政府が進める改革に反対運動を起こし危険分子と見なされた国賊や政治犯として逮捕された人々を，社会から隔離しておくことは好都合であった。また北海道開発のために道路工事の作業員として囚徒を使えば費用が安く上がるという理由から，膨れ上がる囚人の収容所問題の解決とあわせて，樺戸集治監を皮切りに全国６集治監のうち３か所が北海道に開設されるに至ったのである。

　こうして，第１に札幌を起点として空知・上川から釧路・根室に至る道路，第２に樺戸から日本海側の北増毛に至る道路，第３に釧路から網走に至る道

路の新設が謳われた。それら開拓道路開削のための労働力として，道内各地の監獄の囚人たちが作業現場へと次々に送り込まれていったのである。

2 北海道命名150年の価値—道徳教材としての価値—

　2018年，北海道は命名されてちょうど150年を迎えた。かつては「蝦夷地」と呼ばれてたが，1869（明治2）年7月17日，伊勢の探検家の松浦武四郎が新たな名称として，「北加伊道」「日高見道」「海北道」「海島道」「東北道」「千島道」の6つを候補とする意見書を政府に提案した。そして同年8月15日，太政官布告によって現在の「北海道」という名になったのである。

　そんな価値ある歴史を追っていたとき，「囚人道路」という言葉に出会うこととなる。

> もし死亡しても，誰も泣く者のいない罪人であればいいだろう。死んで囚人の数が減れば監獄費の節約にもなる。

　当初，受刑者は自給自足のための労働や開墾作業が中心だった。受刑者を外部の労働で残酷に扱い出すのは，太政官大書記官の金子堅太郎が道内巡視の結果をまとめた復命書に添えられた1885（明治18）年の「北海道巡視意見書」がきっかけとなっている。それを簡単に要約したのが，上記である。

　そもそも，1879（明治12）年9月17日，太政大臣三条実美に宛て「徒刑・流刑の囚徒の労働力を活用して北海道開拓に当たらせ，出獄後は北海道に安住させ，自立更生せしめる」との伺書を提出したのは，後に初代内閣総理大臣となる伊藤博文である。

　北海道開拓の後は，安住と自立更生が目的だったはずだが，上記のような発想となったのはなぜなのだろうか。しかも，その労働は過酷なもので，刑期を終えても帰らせてもらえない者も少なくなかったと言われている。

3 教材開発のきっかけ

　北海道生まれを「道産子（どさんこ）」と呼ぶ。元々は北海道在来の馬を指すのだが，転じて北海道生まれの人を指すようにもなった。

　さて，生粋の道産子である私は，北海道の留萌管内苫前町という小さな田舎出身である。そんな私は，かつて14年間も空知管内に勤務していながら，空知一帯が炭鉱で栄えたことや月形町に刑務所があることなどを漠然と理解しつつも，それが北海道の開拓を支える光として機能していたことを深くは知らなかった。

　今回，吉村昭の『赤い人』（1984，講談社文庫）を読んで，北海道開拓の光であるとともに影ともなっている樺戸集治監と，それにともなって作られた開拓道路があった事実をもとにして教材開発に迫った。

　1881（明治14）年９月１日，明治政府は監獄則の改正を公布した。その冒頭には，「獄は人を仁愛する所以にして，人を残虐する者に非ず。人を懲戒する所以にして，人を痛苦する者に非ず」とある。ずいぶんと言葉じりの印象はいいが，その背景には在日外国人を日本の法律に従わせるため，まず日本の行刑法を欧米水準にまで高める意図があったと言われている。

　これによって，同年９月３日に開設式が行われた樺戸集治監は，徒刑，流刑，重懲役，終身刑に処せられたものを収容し，その他の集治監には，仮留監を設け，樺戸集治監に送る者を一時収容する所にしたと言われている。

　そこから脱獄，越冬，凍傷，病気……など多難に遭いながらも，どうにかこうにか石狩川沿いを中心に開拓が進みつつあった。

　1886（明治19）年，日本一長い直線道路（29.2km）として知られている現在の国道12号線美唄〜滝川間の道路建設には，当時，樺戸集治監の囚人たちが駆り出されたと言われる。昼夜を問わずおびただしい数のヌカカやブヨが襲い，オオカミやヒグマの恐怖と闘いながら，充分な食料も与えられないままの劣悪な環境下での作業のため，病気やけが人が続出し，正確な記録のない数の犠牲者を出した。全てが人力による，突貫工事が続けられた結果，

A

B

C

D

主として集団や社会との関わりに関すること

1886（明治19）年5月の着工から，わずか4か月あまりで仮道が全線開通。その翌年から本工事が行われて，1890（明治23）年に完成したのである。

　こうした囚人道路は，旭川〜網走間の全長217kmの中央道路も同じ構造である。樺戸に加え，空知，釧路の各集治監から労働力として囚人を服役させるために約1,400人が現場へ送り込まれたとも言われている。

4 授業実践への手立て

　こうした開拓の歴史を踏まえたうえで，その影の部分にも着目したい。全員が1本の丸太を枕として眠り，夜明け前の午前3時半の起床では看守が大声で叫ぶほか，丸太枕を叩いて起こし，逃亡防止のために2人の足を鎖でつないで使役させられていた。

　囚人たちの過酷な強制労働は，山岳部の奥地に建設現場が進むにつれて食糧運搬がうまくいかなくなったことにより，栄養失調や怪我で211人とも言われる多くの死亡者を出す事態となり，多大な犠牲を払ったのである。

> なぜここまで多くの犠牲を払ってまで，道路を開かなければならなかったのだろうか。

　必然的にこうした問いが浮かんでくる。看守たちもその職がかかっている以上，ピストルやサーベルで囚人たちを後ろから威嚇した。それでも強制労働の苦痛に耐えきれず逃亡を謀った者は，見せしめのために看守にその場で切り殺されるか，逃亡できたとしても，食糧を見つけることが困難な山中では食いつなぐこともできず，結局は作業場へ戻るしかなかったと伝えられている。

　病死や惨殺されていった囚人たちの屍は，そのまま現場近くへ捨てられて風雨にさらされたと言い，やがて当時の仲間の囚人たちによって土を盛るようにかぶせられて埋葬された。後にそうした「土まんじゅう」は入植者らによって見つけられ，掘り起こすと，土に還りつつある人骨と墓標の目印とし

て置かれた鎖がそのまま出てきたことから，「鎖塚」と呼ばれるようになったのである。

　道路が開ければ，駅逓ができる。駅逓ができれば入植が進み，やがて商業が栄え，北海道が一気に開拓へと進むのである。

　しかし，内務大臣の井上馨が1894（明治27）年の『北海道ニ関スル意見書』において，北海道に多数の囚人が送られてくることは，北海道の拓殖上の利益が見出せないばかりか害があるとして，それまでの明治政府の政策に大きな疑問を投げかけたのも事実である。

　また，囚人労働があまりにも過酷であることから批判が出るようになり，「囚人は果たして二重の刑罰を科されるべきか」と国会で追及されるに及び，囚人労働による外役は，1894（明治27）年をもって廃止されたのである。

> **北海道の開拓の歴史になくてはならないものは何だったのだろうか。**

　北海道命名150年という歴史は，日本の長い歴史から見れば，ほんのわずかな期間に過ぎないのかもしれない。しかし，囚人たちが道路を開鑿するために，休むことなく働いたことで北海道の開拓が一気に進んだことは間違いない。

　こうした開拓の光と影を改めて見つめ直すことで，北海道の原点にたどり着くことは間違いないであろう。

主として集団や社会との関わりに関すること

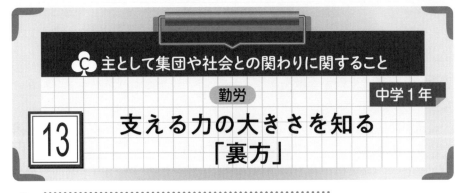

勤労　　　　　　　　中学1年

13 支える力の大きさを知る
「裏方」

1 自分に合った役割を知る―学習活動の価値―

> 「一流」と「三流」の違いについて具体例を挙げて定義づけよう。

　こう問われたなら，多くの人はイチローや大谷翔平，大坂なおみといった成功者の例を引き合いに「一流」を定義し，そこまで至らなかった例として「三流」を定義するのではないだろうか。こうしたスポットライトを浴びる選手以外にも，スポーツの世界にはチームを指揮する監督やコーチがいたり，日の当たらないスタッフや裏方がいたりするのだが，スタッフや裏方に対し「一流」という定義を当てはめる人は少ない。まして，部活動をやっている中学生の中で最初からスタッフや裏方になりたがる者はいない。保護者さえ「どうせやるからには一流の選手を目指せ！」と励ますのが常である。

　そんななか，次の問いを投げかける。

> 1998年のサッカーフランスW杯から20年間，6大会連続6回目のW杯出場を果たす，ただ一人の日本人は誰だろう。

　三浦，中田，中村，本田，香川，岡崎，川島など，サッカー好きの男子がいくら考えてもおそらく当たることはないだろう。正解は次の人物である。

あそうひでお
麻生英雄

　こう言っても誰も知らない。それもそのはずで，彼は日本代表を支え続けるスタッフ，つまり裏方だからである。

麻生さんのリュックには次の物が入っている。何に使うか考えよう。
【ごみ袋，粘着テープ／黒のマジック／ペンチ／カウンター（数取り器）】

・ごみ袋，粘着テープ→洗濯物を入れたり，雨が降ってきたとき濡れてはいけない道具をカバーしたりする。
・黒のマジック→洗濯物を仕分ける際に袋に書いたり，選手がサインしたりする。
・ペンチ→スパイクの底のポイントを回す。
・カウンター→荷物が多いから。国内でも250個近く，海外だと50個ぐらいになる。それを空港で1個1個預け，受け取るときも1個1個出てくるので，カウンターでカチカチと数えている。

　最後の荷物の数に圧倒される生徒が多い。加えて，麻生さんの次の言葉（参考・引用：https://news.yahoo.co.jp/feature/1116）を示すと，驚きから感心へと生徒の心は動いていく。

「世界中を遠征して，いろんな経験をして
　　　　　　　多少のことでは動じなくなりました」

◆「スタッフはみな同じだと思いますが，3試合を見ていないでしょう。とにかくやるべき仕事が山積みで，自分も試合前の準備が終わればハーフタイム，ハーフタイムが終われば今度は帰り仕度と，常に先回りして仕事を黙々とこなしたからだと思います」

◆「代表の試合が行われる場所は全国でも限られているのでだいたいコインランドリーがある場所は把握しています。盗まれたらいけないので，洗濯し終わるまでそこで待機です」

◆「ずっと続けていきたいけど，やりたいからといってやらせてもらえる仕事じゃない。チームに必要とされるためには，ある程度のことを制限するのは仕方ないですし，別に不自由さも感じないです」

◆「僕の仕事は，チームの予定がスムーズに流れていくために準備すること。そのために常に先を見て，考えることをいつも心がけています」

主として集団や社会との関わりに関すること

2 支える力の大きさを知る─道徳教材としての価値─

　麻生英雄さんはスタッフの中でもキットマネージャーと呼ばれる裏方だ。あまり知られていないが，サッカーではポルトガル語で「ホペイロ」と呼ばれる裏方の用具係がいる。次に紹介するのは，横浜F・マリノス所属のホペイロ，緒方圭介さんである。ある日のJリーグの試合を追うと……。

- ・5：30……14：00キックオフの試合に向けドリンクを作る。
- ・7：40……用具類をすべてトラックに載せ，自分でトラックを運転して，試合会場へ向かう。
- ・8：00……スタジアム到着。選手ロッカーを思いを込めて準備する。
- ・10：00……あらゆる技を使い，選手のスパイクを最高の状態に仕上げる。
- ・12：15……選手を乗せたバスが到着する。
- ・13：30……試合前のベンチ周辺をセッティングする。
- ・14：00……キックオフ。試合開始。
- ・18：30……試合終了後，荷造りしてトラックで倉庫に戻る。
- ・19：00……選手のユニフォームやスパイクを丁寧に洗って磨いていく。

　これだけハードなスケジュールをこなしつつ，チームが勝つことだけを願いながら毎日を過ごしている。しかし，麻生さん同様に，試合の経過はほとんど目にしていない。ただ，終了後大好きなスパイクを洗いながら，選手それぞれの活躍の様子を想像するそうだ。
　そんな緒方さんについて考えながら，次の問いを投げかける。

　ホペイロ，緒方さんは，「選手に褒められてもあまり嬉しくない」と言う。それはなぜなのだろうか。

これは一人で考えるよりも，ペアやグループになって意見を出し合う方が効果的な問いと言える。サッカー部員がいるグループといないグループの，交流の差を観察するのもおもしろい。

3 教材開発のきっかけ

　「ホペイロ（用具係）の大忙しな一日を追った。緒方圭介／横浜Ｆ・マリノス ホペイロ／まりびと」(https://www.youtube.com/watch?v=0iK2DVZ7UOg)という動画を参考にしながら，[勤労]をテーマに道徳の授業を実践化した。

　サッカーの強豪，鹿児島実業高校出身でありながら，レギュラーの座は遠く，３年時からマネージャーへ転向。夏休みに参加した用具係研修をきっかけとしてＦ・マリノスに一目惚れし，両親に「Ｆ・マリノスでホペイロになるまでは鹿児島に帰ってこない」と言い切って，新たな夢に向かったのである。

　Ｆ・マリノスに対するチーム愛もさることながら，ホペイロとしての役割に徹する彼はまさにプロである。そんな彼が，次のように語る。

> 言われずにできて一流，言われてもできないんだったら三流だと思う。
> 一流の選手を相手にするなら，自分も一流にならないと。

　最初に問うた「一流」と「三流」の違いは，緒方さんの定義ではこうなる。

　授業では，生徒一人ひとりが考えた定義と比べて，こうした違いができるのはなぜかを問いたいところである。決して，実力とか，活躍とか，身分とか，そうした差ではないことが生徒に伝わってほしいものである。

> 選手が僕の存在を探さないで試合，練習が回るくらい，準備・用意ができていれば，それが一番いい仕事。

　選手に褒められた時，その前の期間は，もしかしたらプロの仕事をしてい

A
B
C
D

主として集団や社会との関わりに関すること

なかったんじゃないかという疑問をもつことが，彼の上記の定義に結びついてくる。

4 授業実践への手立て

> ホペイロ，緒方さんの「夢」はなんだろう。

　授業の終末段階ではぜひ，この問いを考えさせたい。これほどサッカーが好きで，Ｆ・マリノスとチームが好きで，スパイクが好きな緒方さん。それほど好きなことを職業にしている彼の「夢」とは……。

> （年を取って熱烈なＦ・マリノスサポーターから）「あそこにいる用具係のおじさんってずっとＦ・マリノスにいるんだよ」って言われるくらい，60，70歳になってもホペイロとしてずっといたいというのが僕の夢。

　「一日，一日を大事にして，チームのためではありますが，最後は自分のために日々頑張れれば……」と語る緒方さん。スポットライトを浴びる選手だけではなく，チームを指揮する監督やコーチの存在，そして日の当たらないスタッフや裏方の存在があるからこそ，一つのまとまったチームとして機能する。なぜなら，彼らの願いは共通しているからである。
　こうした**「目立たなくても陰で支える力の大きさ」**に気づくことができれば，この道徳授業の価値はもとより，［勤労］の意味の本質を考えることにもつながってくるのではないだろうか。

家族愛，家庭生活の充実　中学3年

14 ポスターから広げる「誰がために安心はある─出生前診断の真実─」

1 ポスターから広げる─学習活動の価値─

　街を歩いていると，ふと1枚のポスターに目が留まることがある。ポスターは，目新しさによってインパクトを与えるものから，人間の深層心理に訴えるものまで多様な観点に基づき作成されているものに違いない。

　一枚のポスターを提示し，その意味を探ることによって一つのテーマを考える手法は，道徳においても有効である。

　例えば，下記のポスターは「Because I am a Girl」キャンペーンのもと，途上国の女の子に起こっている問題に迫り，生きていく力を啓発する国際NGO「プラン・インターナショナル」（参考：https://www.plan-international.jp/）の資料である。

13歳で結婚。
14歳で出産。
恋は、まだ知らない。

公益財団法人プラン・インターナショナル・ジャパン　www.plan-international.jp

世界の女の子に。生きていく力を。

I am a Girl　PLAN INTERNATIONAL

主として集団や社会との関わりに関すること

女の子だから家事や労働に明け暮れ，女の子だから10代で結婚させられ，女の子だから学校に行かせてもらえず，女の子だから生まれてさえ来られないこともある。こんな理不尽な国が，アジアやアフリカの地域に多く存在するのである。

　まずはこの現実を受け止めることを導入段階に取り入れたい。

2　どこを隠すか―道徳教材としての価値―

　私がもともと興味を抱いていたテーマの一つに，「出生前診断」がある。そもそも「出生前診断」とは，今となっては妊婦の通常検診となった超音波検査（エコー）をはじめ，羊水検査や母体血清マーカー検査など胎児の遺伝子に異常が認められないかどうかを出生前に診断する遺伝子学的検査を指していた。これが，妊婦の血液からダウン症など3種類の染色体異常を調べる「新型出生前診断」へと変化し，認定施設による臨床研究の名の下にスタートしたのが2013年。つい最近のことである。

　ダウン症児の出産リスクが高い35歳以上の妊婦を対象とするはずだったのが，いつのまにやらその年齢も，その目的も，その対応すらもうやむやにされてしまっている感が拭えない。これに加え，生命倫理的な問題をも孕むなど，いっこうに出口が見えない難しい問題とも言えるだろう。

　そこで，この問題につなげるために，前述したポスターを活用する。まずは，「結婚」「出産」「恋」の3つの語を隠して，そこに何が入るかを予想させる。ポスターのモデルは少女であることから，必然的に女子生徒が親近感をもち，我が事として考えるに違いない。

　自分たちと変わらない年齢で「結婚」し，「出産」しているにもかかわらず，「恋」はまだ知らないという逆説的な現実を，女子に限らず男子も含めて，目の前の生徒たちがどう受け止めるかがポイントとなる。

　まずは，授業のフレームとして機能させるために，次の発問を考えさせたい。

「女の子だから……」(「Because I am a Girl.」)
あなたは, どんな言葉をつづけるだろう?

「女の子だから……」という理由を盾にして, 貧困の中で社会の底辺に置かれ, 過酷な人生を送っている女性は世界各国でかなりの数に上る。まずはその実態を認識させるところから始めたい。

3 教材開発のきっかけ

「NIPT(新型出生前診断)コンソーシアム」のホームページには, 新型出生前診断の臨床研究データが豊富に掲載されている。

新型出生前診断を受け, そしてその結果から, 自分もしくはパートナーの出産をどうするかを考えさせる材料とできればと思って調べていくうちに, いくつもの問いが生まれた。以下, その一例を記す。

・新型出生前診断を受けようと思うのはなぜか。
・診断を受けるにあたって迷いはなかったのか。
・診断に関わる時間や費用はどれくらいか。
・診断結果が陽性だった場合の本音はどうなのか。
・診断結果が陰性だったとしても不安はないのか。
・診断結果後に中絶を決意したいちばんの理由は何か。
・診断を受けたこと自体に後悔はなかったのか。

新型出生前診断は, 男性以上に, 当事者となる女性は様々な迷いや苦しみを味わうことだろう。まして, こうした大きな問いを中学生に考えさせるということは, 教える側にもそれ相応の覚悟が問われることとなる。

大切なのは, 女性だけの問題には決してしないこと。男性がどれだけ女性に寄り添って考えられるかがこの問題の本質だと捉え, あえて「西暦2100年,

もしかしたら……」と，架空の設定を通して問題意識の喚起を行った。

　インドやニジェールなど，男児偏重の国々がアジアやアフリカの一部に存在する。以下の実践教材は，その現実に出生前診断を結びつけて考えさせようとした虚構である。

4 授業実践への手立て

- ・日本の人口減少は加速し，ついに4,500万人を切ることとなった。
- ・これと同時に超高齢化も加速し，「人口逆ピラミッド」が形成される。
- ・そんな中，女性の地位が向上し，立法・行政・司法の長はすべて女性であり，男性は社会の片隅に追いやられることとなった。
- ・男女の産み分けも当たり前となり，圧倒的に女児が優遇され，男児を身ごもると中絶，もしくは出産後の男児の「捨て子」が大きな社会問題となっていた。
- ・生まれた男児は「不要」と名づけられ育児放棄や虐待が繰り返された。
- ・ただ，優れた遺伝子をもつ一部の男児は，その家族も含めて多くの女性から優遇され，国の保護もあり，生きていく上で支障がない生活を送ることができた。
- ・なぜなら，これが日本の人口減を食い止め，先進国を維持する最終手段として公認されたからである。

　以上は，「**西暦2100年，もしかしたら……**」という架空の設定であり，虚構でありながらも，まったくあり得ない話とも思えない深刻さが伝わってくるのではないだろうか。

　こうした状況であればなおさら，子どもを産むことの意義を再確認する必要が出てくる。

> あなたに子どもができたとしたら出生前診断を受けるだろうか。

　授業では上記の問いから始まり，その後，出生前診断で陽性であった場合は新型出生前診断を受けるか否かの判断を迫る。気をつけなければならないのは，これは決して女性だけの問題ではないということである。男性を含めて，社会全体で考えなければならない問題として，広く，深く根拠を考えていかなければならないことだろう。

　ただし，虐待やDVなど難しい問題を抱えた家庭には特段の深い配慮を要する。そうした生徒にとっては，必然的に考えることを避けてしまうテーマと言えるからである。それだけに，教える側の教師に深い覚悟とあらゆる配慮が求められるテーマなのである。

ちょっと一息 「先生，道徳での学びは他の教科にどうつながりますか？」

　週1時間，年間35時間道徳を学ぶからには，生徒にとっても他の教科との結びつきが気になるはずです。教科書の内容を読み取って，それにつながる内容項目を理解するだけでは，道徳を学ぶ価値は低いことでしょう。道徳においても，「主体的・対話的で深い学び」が求められることになります。

> 他の教科で思考・判断・表現したことと，道徳でのそれらを結びつけることが大切です。最終的には，社会に出たときに自立と自律ができればすべての学びの価値を実感できることでしょう。

　家を出て一人暮らしを始めたとき，みなさんはどれだけ多くのことに気づかされたことでしょう。これから先，社会に出ていく生徒たちに，その意義と価値を本気で伝えることが，教師に求められることではないでしょうか。

主として集団や社会との関わりに関すること

♣ 主として集団や社会との関わりに関すること

よりよい学校生活，集団生活の充実　　　中学2年

15 架空の相談を引き寄せて考える「傍観者」

1 架空の相談を設定する ─学習活動の価値─

　キッズ@nifty の「キッズなんでも相談」というサイトがある。サブタイトルに「みんなの悩み，みんなで一緒に考えよう！」とある通り，投稿者のお悩み相談にみんなでのってあげて，回答するサイトである。

　これを参考にしながら，次のような悩みごとを設定してみた。

いきなりですが，ぼくのクラスではいじめが起きています。いじめについて話し合っても，大人はみんな，「傍観者（見ている側）もいじめっこと同じぐらい悪い」と言います。なぜでしょうか。何もしないのはダメなのでしょうか。助けようとしたら，ぼくだっていじめられるかもしれない。そして，友だちはだれもいなくなるんですよ。
どうすればいいんですか？　教えてください。

（12歳　北海道　たけしくん）

　架空の設定でありつつも，どの学校にも起こりがちな「いじめ」の状況が想定できることだろう。こうした悩みは小・中学生のだれもが一度は経験していることかもしれない。

　道徳の授業で「いじめ」を考えることは，「特別の教科」として教科化された大きな要因を占める。教科書にも「いじめ」がテーマとなった教材がどの学年にも必ず組み込まれている。それを形式的に授業するだけでは，子どもたちの日常生活には普遍化されないまま終わることだろう。

2 いじめの構造を捉える―道徳教材としての価値―

そこで，前出のようなお悩み相談からスタートした。発達段階に応じて，その学年なりの回答の仕方が考えられるだろう。

中学生には中学生の発達の特性や思考の論理があり，多くは教師に好まれるような優等生的な回答に終始しがちである。そこで，まずは「いじめ」の構造を整理して伝える。

いじめの構造を示した名著と言える森田洋司『いじめとは何か 教室の問題，社会の問題』（2010，中公新書）に則って，次のように説明する。

【いじめの四層構造論】

・被害者：いじめられている子ども

・加害者：いじめている子ども

・観　衆：はやし立てたり，面白がって見ている子ども

・傍観者：見て見ぬふりをする子ども

恐らく大多数の子どもたちは，「傍観者」に位置づけられるはずである。できることなら被害者はもちろん，加害者であれ，観衆であれ，いじめの当事者には関わりたくないというのが本音であろう。

一般的に，面白がって見ている「観衆」には是認の体系があるのに対し，見て見ぬふりをする「傍観者」には黙認の体系がある。それだけに，「空気を読まなければ……」とか「忖度しなきゃ」という感覚に鋭敏になり，そうした当事者以外の大多数の態度が，いじめの加害者をいっそう助長することにつながっていく。

いじめは被害を受けた者にしかわからない悩みや苦しみがある。それは，私自身も中学生時代にいじめられたからこそわかることでもある。

毎年のように，夏休み明けに登校したくない生徒への対応が求められる時代となっている。なんとかしていじめをなくしたいと思うのは，いじめ被害

主として集団や社会との関わりに関すること

の当事者だけではなく，周囲の友達や教師，保護者も同じなはずである。そのためにまずいじめの構造を理解させ，予防する観点が求められる。

3 教材開発のきっかけ

> ・もしも，あなたの親友が，いじめっこたちから友達をかばおうとしていたら，あなたはどう感じるだろう？
> ・もしも，その親友が，友達をかばったことで逆にいじめられるようになったら，あなたはなんと声をかけるだろう？
> ・もしも，その親友から，「今までありがとう。さようなら」とメールが届いたら，あなたは何ができるだろう？

　上記３つの問いを中心発問として［よりよい学校生活，集団生活の充実］の授業化を試みた。被害者や加害者といったいじめの当事者の立場に身を置かせることも大切だが，誰もがなり得る（現になっているかもしれない）「傍観者」という立場に身を置くことの方が，問題意識をより高めるだろうと考えた。

クラスの誰かが他の子をいじめているのを見たときの対応の構成割合

		比較）平成16年	総数	男	女	小学校5～6年生	中学生	高校生等
	総数	100	100	100	100	100	100	100
直接仲裁者	「やめろ！」と言って止めようとする	18.0	16.9	21.6	11.6	24.1	13.4	15.1
間接仲裁者	先生に知らせる	21.4	25.7	26.1	25.3	39.7	25.1	14.8
	友達に相談する	36.2	36.4	25.9	48.0	22.1	39.7	44.3
傍観者	別に何もしない	24.4	21.0	26.3	15.1	14.1	21.8	25.8

注）「高校生等」とは，「高校生」「各種学校・専修学校・職業訓練校の生徒」の合計である。
厚生労働省「平成21年度全国家庭児童調査」

　データは少し古いが，上記を示すことで，年齢の上昇とともに「傍観者」

が増えている実態を理解させる。そのうえで，自分が「傍観者」の立場をどう考えるかを判断させたい。

> 俺は「困っている人を助ける・人の役に立ち優しくする」それだけを目標に生きてきました。
> でも，現実は人に迷惑ばかりかけて，Bのことも護れなかった……。

こんな本音を遺書にしたためて自殺を図ったAくんの心情は言葉にできないほど切ない。また，それに薄々気づいていながら，Aくんを救えなかった親友Cくんの心情はいかばかりかと想像する行為そのものは，道徳的な心情に結びつくことを意味している。

さらに，その2人の関係を後々知ることになるAくんの親の思いも，辛く苦しいものであっただろう。

> 君がため　尽くす心は　水の泡　消えにし後は　澄み渡る空

Aくんの遺書の最後に書かれていたという上記の短歌から，彼の死に至る心情を想像させるのも一つの方法である。

4 授業実践への手立て

「傍観者編『いじめ根絶！Youtube動画プロジェクト』Ijime,Bullying」（https://www.youtube.com/watch?v=zuZ8jZFCwhI）という動画がある。「できることは，なかっただろうか。」という一言から始まるこの動画は，いじめ根絶の手段を，傍観者だけでなく多くの人々に問うたものである。子どもも保護者も，教師も必見の価値がある動画と言える。

いじめに解決策はないというのはよく言われる。しかし，まずは現状をありのままに知ること，そして，「できることはないのか」といつも考え続けることが必要だ。だからこそ，冒頭の「キッズなんでも相談」から始まり，

「もしも，あなたの親友が……」の問いを深く考えることに意味がある。

　正義感を無理に発揮する必要はない。正しいことをいくら言い続けても，同調圧力がきつい学校社会の中では受け入れられない要素が大きいだろう。

　また，一人で頑張る必要もない。無視から始まって教室の中で孤立することほど，自分の存在価値を見失うことはない。

　まずは，信頼できる友達に相談して欲しい。「今，目の前で起こっていることは，小さなように見えて，実はとても大きなことにつながる可能性がある」と。そして，次のように問う。

自分達一人ひとりに何かできることはないだろうか。

　そうした相談や思考が，１人から２人，２人から４人……と増え続けることが，こうしたいじめ問題の解決につながるはずである。もちろん一気にとはいかない。少しずつ，少しずつではあるだろうが，道徳の授業を通して，こうした事案に関心を持ちながら自分のこととして考え続けることは，いじめ対策上欠かすことはできない。

　「**無関心こそ最大の敵**」というのは，あらゆる問題にあてはまることだろう。だからこそ，いじめ問題に関しては，教師の側に常に敏感さが要求されるのである。

《参考文献：岸田雪子『いじめで死なせない　子どもの命を救う大人の気づきと言葉』
(2018，新潮社)》

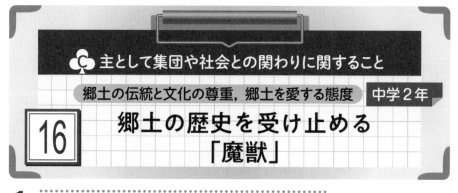

1 郷土の過去を受け止める─学習活動の価値─

　2019年6月，北海道江別市を中心に，住宅街へのヒグマの出没が連日ニュースになった。原因は複合的に考えられるだろうが，北海道がもともとヒグマの生息地であることは踏まえれば，いつ，どこに出ても不思議ではない。ただ，人里へのクマの出没は，おのずと人との間に軋轢を生むこととなる。

　調べてみると，北海道において，ヒグマによる犠牲者は記録の残る昭和37年から平成28年3月末までの間に136人（1年あたり2.5人）が人身被害を受けており，うち51人（1年あたり0.94人）が死亡している。また，ヒグマによる農業被害も年々増加傾向にあり，平成9年度には1億円を超え，ここ数年は2億円に近くなっている。北海道では現在，「人身事故の防止」「農作物等被害の予防」「絶滅の回避」という3点を方針として掲げている。ここから考えると，ヒグマの駆除というより，ヒグマを保護し，人間との「共生」の道を重視しているのではないだろうか。

　ところで，ヒグマによる被害の多くは，ヒグマが人間に近づいているのではなく，人間が自らヒグマを呼び寄せているところに問題があるという考え方が一般的である。

　しかし，必ずしも人間にだけ非があるとは言い切れないのではないだろうか。「北海道ヒグマ四大事件」の中でも最も多くの死傷者を出した苫前町三毛別のヒグマ事件を通して，この仮説を検証したいと考えた。なぜなら，苫前町は私の故郷でもあるからだ。以下，私たち北海道民とヒグマの歴史を振り返りながら，郷土の歴史に迫りたい。

A

B

C

D

主として集団や社会との関わりに関すること

2 歴史を紐解く —道徳教材としての価値—

郷土の歴史を紐解くと，1915（大正4）年12月9日，一頭のヒグマが空腹から凶暴性を発揮し，10名の人間を殺傷する事件が起きたことがわかる。

苫前町とは道北留萌管内の小さな町であり，三毛別は開拓者たちが移住した山奥の地である。

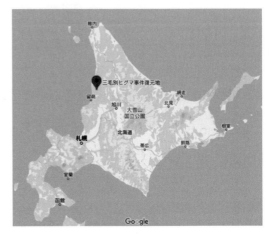

事件の起きた時期は真冬であることを考えれば，ヒグマは本来冬眠しているはずである。なのになぜ，人間を襲ったのだろうか。

一説には，このヒグマは以前に別の地域で猟師に追われ，冬眠に入る機を逸して，いわゆる「穴持たず」となってしまったらしい。結果，ヒグマは空腹状態となり，当初は民家のトウモロコシを食害。さらに異常な執念と凶暴性を持ち，人間に手を出したのではないかと見られている。

「腹破らんでくれ！　腹破らんでくれ！」
「喉食って殺して！　喉食って殺して！」

犠牲者の中には身重の女性もおり，上記はヒグマに襲われたときの絶叫だったと言われている。

さらに，ヒグマは何度となく集落を襲う。ヒグマにとって「獲物」は所有物であり，遺留物があるうちはそこから立ち去らないと言われている。この時も「遺体」を自分の所有物とみなして，通夜の席にまで乱入している。

3 教材開発のきっかけ

　私自身の故郷である苫前町。実は高校時代，学校祭の研究発表にてこのテーマを取り上げて取材をするなど，私にとっては縁が深いテーマなのである。

　事件は6日後，隣村の鬼鹿村に住み，「宗谷のサバサキの兄」と呼ばれ，熊撃ち・鉄砲撃ちにかけては「天塩国にこの人あり」と謳われた伝説のマタギ「山本兵吉」にヒグマが仕留められ最期を遂げる。身の丈2.7m，重さにして340kgで，7〜8歳のオスの巨熊であったと言われている。

　さて，私が注目したのはこの山本兵吉に師事し，その後，この事件の犠牲者の供養のために慰霊碑を建立した「大川春義」という人物である。慰霊碑の裏には，次のように書かれている。

> 子供心にも惨事の再来を防ぐ為，一生を賭して熊退治に専念し，以て部落の安全を維持するは己れに課せられたる責務なり

　この事件の折に彼はまだ幼少時だった。しかし，事件当時大川の父は三毛別の区長であり，その頃から縁がある山本には熊撃ちの教えを受けていたのだ。「親子連れは必ず親から」「絶対に外さない距離まで引きつけろ」「撃つのはドテッ腹」「爪が全部反り返り，完全に死ぬまで近寄るな」……。そして「確実に倒せる度胸と気力が起きるまで絶対に向かい合うな」と。

　子どもながらにヒグマを強く憎んだ大川は，犠牲者7人の位牌の前で，犠牲者1人につきヒグマ10頭，計70頭を仕留めて仇を討つことを誓ったと言われている。

　そんな彼にも苦難の日々が続く。20歳に達して猟銃所持が許可された後，ヒグマ狩りを目指して山に入ったものの，実際に目撃したヒグマに恐れをなし，簡単には撃つことができなかったと言われる。その後，ヒグマを前にして銃を撃つことのできない日々が実に10年以上続いたそうだ。

4 授業実践への手立て

　猟師，大川春義は，その後当初の目標であった70頭のヒグマを撃ち，最終的には引退するまで100頭のヒグマを仕留めたと言われている。

　しかし，憎かったはずのヒグマを，大川は「**山の神さん**」と呼んでいたそうだ。ここで一つの疑問が浮かぶ。

　ヒグマを憎んでいた大川が，なぜ「山の神さん」と呼んだのだろうか。

　ヒグマを仕留めた後，大川は欠かさずと言っていいほど「熊祀り」の儀式をしたらしい。庭に組んだ木の櫓に毛皮と頭蓋骨を載せ，ろうそくを灯して拝む。ヒグマが獲れたことを感謝し，また獲らせて欲しいと祈る。それはまるで，アイヌ民族のイオマンテのような儀式であったと言われている。

　大川自身は，犠牲者たちの仇討ちだけを考えてヒグマ狩りを続けたものの，100頭を達成した後には，「**本当に悪いのはヒグマではなく，その住処を荒らした自分たち人間の方ではないか**」と考えていたらしい。

　あれほど憎かったヒグマを，最終的には「**神からの授かりもの**」として認めてしまえるところに，大川の偉大さが伝わってくる。

　しかし，そこに至るまでに，どれほどの苦労や苦悩があったことだろうか。犠牲になった人々はもちろん，その家族の悲痛な叫びまで，幼い頃からすべて目にしたり，耳にしたりしてきたはずだ。その彼がヒグマを仕留めるたびに「熊祀り」をし，「山の神さん」とまで呼ぶとはなんとも人生は奥が深いものである。

　時を経て，日本史上最悪の獣害とも言われるこの事件を，一つの文化として語り継ごうとする住民がいることも忘れてはならない。

　実は三毛別羆事件は，あまりの悲惨さと遺族への配慮からかつては語ることすらタブーとされていたらしい。その後小説・ドラマ等でも紹介され，その実態も調査研究が進められていることを踏まえ，この犠牲と悲劇を単に語

ってはならない事件として終わらせてはならないという気運が高まった。そこで，先人の苦労を肝に銘じ，その偉業を後世に伝えるため，郷土芸能に託して保存していこうという思いから，新しい郷土芸能「くま獅子舞」の創作に取りかかったとのことである。

　後継者不足でその「くま獅子舞」の文化はしばらく引き継ぐ者が現れなかったが，2017年，10年ぶりに復活したそうだ。

　「くま頭」を演ずる苫前町の花井望睦さんは次のように語っている。

> しっかり歴史を自分の中で感じ取って，その中でどう表現していくかを考えて踊っています。

　苫前町に限らず，どこの町にも郷土としての歴史がある。良くも悪くも，そうした歴史の息吹をまるごと理解した上で，その郷土の価値を若者に伝えていくことが求められている。なぜなら，これからの人口減および超高齢化社会において，郷土としての文化や誇りを訴え続けていかなければ，町が廃れてしまうのは間違いないからだ。

> 町を見直し，「共生」の価値を見出すためにあなたは何ができるだろうか。

我が国の伝統と文化の尊重，国を愛する態度　中学3年

17 片づけで見つめ直す「ときめき」

1 片づけの原点を理解する―学習活動の価値―

「お焚き上げ」とはなんだろうか。故人の愛用品など魂が宿っているように思える品物を，寺院や神社などで僧侶や神主が供養し，「天に還す」という形で焼却することである。平安時代から1,300年も続く日本の美しい伝統文化と言われている。

さて，お焚き上げよりも日常的な「お片づけ」で，世界的に有名になった日本人がいる。「こんまり」こと近藤麻理恵さんの著書『人生がときめく片づけの魔法』(2010，サンマーク出版)は，世界で累計1,100万部の大ベストセラーとなり，現在はアメリカ，イギリス，ドイツ，イタリア，中国など40カ国以上で翻訳されている。彼女の片づけの基準は次の問いに集約される。

Does it spark joy? : ときめいていますか。

2015年には，アメリカの『TIME』誌にて「世界で最も影響力のある100人」に選出されるほど，アメリカでは一つの社会現象にまでなった。

物に対して「ときめく」か，「ときめかない」か――。こんまり流に言うと，胸がキュンっとすれば，「イエス」＝残すで，胸がキュンっとしなければ，「ノー」＝処分する。原点は「物に感謝をする」ということにある。

ときめくことがなくなり，処分することになった物には「ありがとう」と声を出してお別れをする。

日本の「片づけ」という日常がアメリカに受け入れられた意味を，一つの道徳として授業化する価値を考えた。

2 ときめきで判断する―道徳教材としての価値―

　もともと「仕舞う」という言葉は，室町時代に「成し遂げる」「入れ収める」という意味で使われていた言葉であった。そこから転じて，現代では「片づける」という意味で使われるようになったと言われている。日本の伝統文化の一つである「能」の最後に，特定の一部分を舞うことを「仕舞」と言い，そこから来たという説もある。

　こうした日本文化を，アメリカの日常に合うように変形させてわかりやすい一語で広めたのが，

> Spark joy：ときめき

　英語の概念にはない言葉を，お決まりのフレーズとして広めたことがこんまり流お片づけがヒットした理由だと言われている。

　背景には，Netflix で配信が開始された「KONMARI～人生がときめく片づけの魔法～」がアメリカで話題となったことがあるが，「場所別ではなくモノ別で片づけること」「衣類，本，書類，小物，思い出の品々，計5つのカテゴリーで片づけを行うこと」というこんまり流の法則が，アメリカ人の精神的な意味での整理に訴えるところがあったのかもしれない。

3 教材開発のきっかけ

　教室での毎日の生活を観察したとき，鞄の中も，机の中も，棚の中も，片づけられずにあふれかえっている子どもたちが増えているように感じる。大半は片づけ方のテクニックがわからないからだと思うが，片づけの基準や意味が理解できれば，物の扱い方や物に対する感謝の気持ちが伝わるのではないかと考えた。そう考えること自体，すべての物に神が宿る「八百万の神」のような，極めて日本的な発想かもしれないが。

なぜ，身の回りの物を片づけなければならないのだろうか。

まずはストレートな問いをぶつけて，こんまり流のときめきを紹介する。気をつけなければならないのは，アメリカを中心に世界で受け入れられているから素晴らしいというわけではないということ。例えば，平安時代から続く「衣替え」の伝統や，江戸時代から伝わる「和箪笥」と結びつけて片づけの意味を考えさせたい。

近藤さんの「Spark joy（ときめき）」という言葉の原点を探ろう。

アメリカで放映された「KONMARI～人生がときめく片づけの魔法～」という番組では，片づけられないという悩みをもつ家庭を訪れ，リビング，台所，クローゼット，寝室などをまわりつつ悩みをヒアリングする。いよいよ片づけスタートという段階で「ちょっと家に挨拶していいですか」と言い，フローリングに正座する。相談者に「私が家に挨拶をしている間に理想の家をイメージしてください」と言い，目を閉じる。家に挨拶する近藤さんは，アメリカ人からしたら風変わりで神秘的に映るのかもしれない。

何を残すか，何を捨てるかは相談者自らが「ときめき」を判断基準に下す。例えば服と対話をし，ときめいたら残す。ときめかなければ捨てる。しかも，捨てる際には物に感謝することも忘れない。

つまり，近藤さんが授ける片づけメソッドとは自分を見つめ直す作業だと言える。過去に買った物に触れる。その時にどんな心境だったのか，なぜ買ったのか，そして今も「ときめき」は持続しているのかと自分に問うわけだ。日本人的かもしれないが，物に対する価値観を通して自己認識を図るのである。

お片づけをすると，その人の人生がいい方向に変わる，そんな人が増え

たら世界平和につながる。そう心から信じているので，この文化がもっと世界に広がったらいいなと思っています。

　上記はあるインタビューで答えた近藤さんの言葉である。究極的には「世界平和」につながることを目指す片づけの意味をさらに掘り下げてみたい。

4 授業実践への手立て

人生のエンディングにおいて残したい物ってなんだろう。

　「終活」という言葉は近年日本で生まれた言葉である。死を意識して，人生の最期を迎えるための準備や人生の総括をすることを指す。遺される家族や親族に向けて迷惑をかけないための活動と言える。少子高齢化時代ゆえの日本的な対策とも言えるかもしれない。
　人生のエンディングで遺したい物と比べるのは本質的とは言えないかもしれないが，近藤さんの言う「ときめき」はこれに通じると思う。物への愛着をどう感じているかを，生徒一人ひとりにじっくりと認識させたいのである。
　「遺品整理」の果ての「お炊き上げ」は，冒頭に記した通り平安時代から1,300年も続く日本の伝統文化であり，「天に還す」という形で焼却することを意味する。つまり，仏教で言う「輪廻転生」の発想かもしれない。
　近藤さんの夫であり，プロデューサー兼マネージャーでもある卓巳さんは，あるインタビューでこう述べている。

　実は３歳と２歳の娘がいるのですが，子どもたちが生きていく未来をよりよい世界にするためにも，この「片づけ」という文化を，僕たちが亡くなった後も残るものにしていきたいですね。

　「片づけ」を一つの文化として考えたとき，それを残す価値が見えてくる。

また，日米の文化やビジネスの橋渡しを行っている南カリフォルニア日米協会の創立110周年祝賀晩餐会で，2019年度日米交流に貢献した人々に贈られる「国際市民賞」をエンゼルスの大谷選手とともに授与された近藤さんは，スピーチで次のように語っている。

世界の人々に日本人を理解したり日本について学んでもらえるよう，世界を片づけるという使命を通して，母国日本に貢献していることを喜ばしく思います。これからも片づけを通して，1人でも多くの方が片づけを終わらせて，ときめく毎日を送られるような，そんな社会を実現するために貢献していきたいと考えております。

　日本から世界に発信される「ときめき」は，グローバルスタンダードの一つになる可能性に満ちているのかもしれない。

♣ 主として集団や社会との関わりに関すること

国際理解，国際貢献 ┃ 中学2年

18 ディベートを取り入れる 「2つのハート」

1 ディベートを取り入れる―学習活動の価値―

　日本も国際化の熱が高まっている。

　2018年時点で，日本の在留外国人の数は250万人を超え，そのうち外国人労働者数は半分超の約130万人となっている。国別では中国やベトナム，フィリピン，ネパールといったアジアからの労働者がおよそ$\frac{2}{3}$を占める。アジア近隣の国からすると，日本は働きやすい国と言えるのかもしれない。

　「移民」政策を断じて認めない日本は，その一方で，外国人が日本に住んで働くのは OK であり，むしろ積極的に人手不足を補っていきたいというある意味矛盾した方針のもとに，下記のような「外国人受け入れ制度」を設けている。

A 【経済連携協定（EPA）による看護師・介護福祉士の受け入れ】
　　…東南アジア諸国から受け入れ，国家試験に通れば定住。

B 【外国人技能実習制度】
　　…日本の企業や農家などで働いて習得した技術を，母国の発展に役立ててもらう。

C 【高度外国人材ポイント制】
　　…「ホワイトカラー」層の外国人人材に対し，学歴・職歴・年収などにポイントを設け，出入国在留管理上の優遇措置を与える。

D 【国家戦略特区による外国人の受け入れ】
　　…入管法を一部緩めて，外国人の受け入れを認める「クールジャパン人材」などを試みる。

E 【留学生30万人計画】…2020年を目処に30万人の留学生を受け入れる。

2 論拠を広げる—道徳教材としての価値—

「ディベート」とは，ある論題に対し肯定（賛成）側と否定（反対）側の二派に分かれて，勝敗を競う討論ゲームである。国語科の話し合いに位置づけられる一つの討論形式でもあり，社会科においても取り入れられることから，カリキュラム・マネジメントとして横断的な取り扱いも可能である。

これを踏まえて，次のような論題を提示する。

【ディベート論題】
日本は積極的に「移民」として外国人労働者を受け入れるべきである。

おそらく多くの生徒たちは，「移民」と「外国人労働者」の定義や現状を知りたがるであろう。それらについて調査活動する時間を保障するならば，最低でもこの活動には2時間必要となってくる。

しかし，今回は1時間で活動することを前提に，思考・討論するために必要な情報のみを取り出して提供することにした。

その一例として，サッカードイツ代表チームのエジル選手のエピソードを取り上げる（参考：https://www.soccer-king.jp/news/world/ger/20180723/798092.html）。

勝った時はドイツ人で，負けた時は移民。

トルコ系移民3世として，「2つのハート」をもつエジル選手はドイツ国民として暮らし，サッカードイツ代表選手としてプレーをする一方，トルコという国に対しても強いアイデンティティをもつ。ちなみに，ドイツ国内に住むトルコ系ドイツ人とトルコ人の数は今や400万人以上に達しており，ド

イツの全人口の約５％を占める。

　そんな彼の口から出た言葉が上記である。彼に何があったのだろうか。

> エジル選手の本音を探ろう。

3 教材開発のきっかけ

　問題となったのは，同僚で同じくトルコ３世のギュンドアン選手とともに
トルコ大統領を表敬訪問した際，贈呈したユニフォームに，ギュンドアン選
手が自身のサインに加え「我々の大統領」と書いてしまったことに端を発す
る。「政治的意図はなく，自身のルーツでもある国のリーダーを表敬訪問し
ただけ」と説明しており，しかも「我々の大統領」と書いたのは，エジル選
手ではなく同僚のギュンドアン選手であったのだが，エジル選手がドイツ国
内で矢面に立たされ，世間からバッシングを受けてしまったという訳である。

> （かつては誇りに思った）ドイツのユニフォームをもう着たくない。

　前述した言葉に加え，上記の言葉が彼の口から出てしまった以上，サッカ
ーという比較的「移民」に寛容な世界的スポーツでさえ，「移民」の問題は
根深く巣くっていることが伝わってくる。

　翻って，日本はどうであろう。日本の将来を考えたとき，少子高齢化にと
もなう人口減という社会問題は，現在すでに深刻化している。

　なかでも，地方であればあるほど外国人に頼らざるを得ないのが実状であ
る。特に，農業・漁業といった一次産業では高齢化が急速に進み，少子化が
ともなっていることと相俟って，人手不足の具合は大きな問題である。後継
者不足はもちろん，辞めたくても辞められない一次産業の高齢化は深刻だ。

　この現実を間近に見ている地方に住む中学生と，都会に住む無関心なまま
の中学生とでは，自ずと問題に対する距離感が変わってくるだろう。ただし，

A

B

C

D

主として集団や社会との関わりに関すること

農業や漁業といった一次産業においてこの問題が深刻化するということは，自分たちの将来，もっと言えばすべての日本人の生活にも直結する大問題であるという意識を育てなくてはならない。

4 授業実践への手立て

　ディベートをするにあたり，肯定（賛成）側，否定（反対）側双方の論拠を，量的にはもちろん，質的にも高さを担保しなくてはならない。以下に，論拠の一例を記す。

〈肯定（賛成）側の論拠〉
・人手不足解消のカギは外国人労働者を積極的に取り入れることだ。
・外国人労働者が働くことによって，その国の言語や文化も学べるので，多様化が進むはず。
・ローカルを救うために，グローバルな人材を取り入れることが大切だ。

〈否定（反対）側の論拠〉
・外国人が働くことで，日本人の失業率が増加する可能性がある。
・言語やコミュニケーションの壁が立ちはだかり，労働に支障が出る。
・犯罪が増加したり，暴動やテロの可能性が起こり得る。

　一つの論拠を見つけると，その裏返しを考えることで，メリットとデメリットの両面が考えやすくなる。ディベートは物事を多面的・多角的に捉えるきっかけとなる学習活動である。

　結果として，論題に対し肯定（賛成）に至ろうが，否定（反対）に至ろうがどちらでもよい。大切なのは，結論に至った論拠である。とりわけ，「ゼノフォビア」に代表される外国人に対する偏見や差別は，誰もが心の中に巣くっている差別意識とも言える。そうした偏見や差別を見つめ直し，外国人それぞれのよさや欠点を再確認することこそが，この先求められる考え方である。

> これから先，日本中みんなが幸せになるためには，どうしたらよいのだ
> ろうか。

　最終的には，上記の問いを考えさせたい。対象を「日本中みんな」としているのは，多様性の時代にあって，人種とか，民族とか，宗教とかを乗り越えて，誰もが平和に笑い合って毎日を過ごせることを願っているからである。
　そのうえに立って，「働くこと」の意味を再確認できれば，総合的な学習の時間に求められる「キャリア教育」の意義にも結びついていくことだろう。

ちょっと一息 「先生，道徳の学びを，この先どう生かしていけばいいでしょうか？」

　学びを未来の人生に生かそうとする生徒を育てることは，教育の大事な営みの一つです。ただし，道徳授業を通して，教師は生徒の未来をどこまで想定できているでしょうか。世の中の決まりごとを教えるだけだと思っている教師に，生徒を深い学びへと誘うことは難しいように思います。

> 与えられたルールに従う生活から，身近なルールを疑い，誰もが幸
> せになれるルールへと変える手段を考え続ける人生を目指してみて
> はどうでしょう。

　教師の想定を超えるような生徒を育てていかないと，この先の社会は成り立たないと思います。

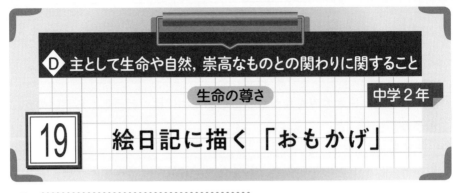

1 絵日記に描く─学習活動の価値─

「絵日記」と聞けば，小学校1年生の夏休みの課題を想像する人が多いだろう。アサガオの観察日記と組み合わせたり，家族で旅行やキャンプにいった思い出などを描くというのが定番である。

ただしこの絵日記に，未来を予測して描くということはない。まして，自分の死を客観的に予測して描くことを指示するなんてことは皆無であろう。未来は未来でも，終わりの未来とも言えるのかもしれない。

2011年3月11日，「東日本大震災」により私たち日本人はこれまで体験したことがない想定外の大地震や大津波，そして原発被害を味わうこととなった。あの日から9年以上経った現在，私たちにできることはいったいなんだろうか。ここでは死を清め，死を納める「納棺師」にスポットを当て，[生命の尊さ]の授業実践を紹介する。

「復元納棺師」という職に携わる笹原留似子さんを取り上げる。笹原さんは「**思い出は宝物。いちばんよい笑顔を思い出してあげてください**」との願いから，その著書『おもかげ復元師の震災絵日記』（2012，ポプラ社）において，犠牲になった人たちの復元した後のご遺体の顔を絵日記に仕立てている。

亡くなったご遺体の顔を取り上げるのは尊厳を欠くと思われるかもしれないが，その表情はいずれも美しい。私たち誰もが必ずいつか迎える「死」の実態を，笹原さんの描く絵日記とともに客観的に考えていくのも一つの道徳的価値だと思えるのである。

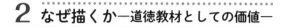

2 なぜ描くか―道徳教材としての価値―

　中学校の美術科において自画像を描かせる活動が位置づけられている。鏡を見ながら，自分の顔の特徴を忠実に取り出しながら描いていく。たいていの美術科教師に言わせると，そこに心というか，魂が入っているか否かで全く作風が異なってくるとのこと。

　ただし，これらは今現在，生きている顔の自画像である。

> 自分が死ぬときの顔を想像して描こう。

　こんなことを指示したところで描ける訳がないと美術科教師には叱られそうだが，道徳においてはその指示は無謀とも言えない。なぜなら，復元納棺師の笹原さんは，震災で亡くなった人たちを何百人も描いているからだ。

> 悲しみと苦しみのなかにあるご遺族のなかに私も入れていただいて，大事な亡き人のお話を聴かせていただきながら一緒に泣いて，ときに思い出話で一緒に笑って。感情を合わせるところから，納棺を一緒にさせていただくのが『桜』（北上市にある自身の会社）の納棺なんです。（参加型とは）ご遺族のお仲間に入れていただくという感覚です。

　「参加型納棺」の意義をこう語る笹原さんは，震災の犠牲者を復元するにつれ，家族の思いをじっと心に秘めるようになる。そのきっかけとなったことが，17歳の女子高生の復元である。地震が起きた後避難所まで逃げたが，その避難所が津波で流されて亡くなってしまう。**「少女の死を受け止め，遺体を復元することは，残された家族への生きることに対する支援」**と受け止め，およそ3時間かけて復元したのである。その熱意と意地と丁寧さに心を打たれずにはいられない。

主として生命や自然、崇高なものとの関わりに関すること

3 教材開発のきっかけ

「おくりびと」(2008, 監督：滝田洋二郎) という映画を知らない人はぜひ観てほしい。私はこの映画が大好きである。主人公の本木雅弘扮する新人の納棺師は, オーケストラのチェロ奏者からの転職である。故郷のなじみの人たちからはもちろん, 最愛の妻からまで人の死を弄ぶような職と揶揄される。それでも辞めずに続けたことで, 最後は誰からも手を合わせて感謝の念を伝えられる存在となる。亡くなった人がこれでやっと成仏できるという感謝であり, それを導いてくれる存在が納棺師という存在なのである。

「守れなくて　ごめんな」お父さんが泣いた。
「そんなこと, この子は思ってないよ。」おばあちゃんが言った。
「おれの孫に生まれてきてくれてありがとうな。」おじいちゃんが言った。
限られた時間だけど, 家族の…　この子だけの…　大切な時間…。

津波で犠牲になった17歳の女子高生を復元したときの家族の思いを, 上記のように代弁した笹原さん。帰りがけに, 彼女のおばあちゃんから,「笹原さんの手は, これから沢山の悲しみに出逢うんだね……」と, 手を固く握りしめられ, 魔法をかけられた気持ちに浸る。まさに, その手で女子高生の孫をきれいに復元し, その後に家族が握りしめることを想定して温める笹原さんの気遣いに対して, おばあちゃんは笹原さんの言う「魔法」をかけることで感謝の気持ちを表したのであろう。

死は避けられないもの。だからこそ,「思い出を継承する　始まりの日」と捉えて, 笹原さんは何時間もかけて丁寧に復元するのである。

4 授業実践への手立て

> 自分が死ぬときの顔を想像して描こう。

　笹原さんの生き方を知った後になら，上記の課題の難しさが少しは和らぐのではないだろうか。

　さらに，この時間の締めくくりに次の問いを与えた。

> **誰にでも，どこにいてもできる支援とはどんなことだろう。**

　もちろん，笹原さんだったらなんと言うか，それを考えさせたい問いである。次の言葉が，笹原さんの本音であろう。

> 忘れないことだよ。みんながこのできごとを絶対に忘れないってこと……それがつながるってことなんだと思う。忘れないことこそ最高の支援だよ。

　東日本大震災以降も，2016年の熊本地震，2018年の西日本豪雨，北海道胆振東部地震など日本全国で災害は続いている。被災者としては，「早くこの苦しみが過ぎ去ってくれればいい」と思うのは当然のこと。では，被災しなかった人たちはどうすればよいのか。それがまさに，笹原さんの言う「忘れないこと」であり，「つながること」であるのだろう。

　死を通して生を知る。少なくとも，自分が死ぬときは満足した表情で死にたい。そう思ったのは，自分が死ぬときの顔を想像したことと無縁ではないはずだ。

《参考文献：笹原留似子『おもかげ復元師の震災絵日記』（2012，ポプラ社）》

1 社会問題の対策を考える―学習活動の価値―

「オーバーツーリズム」という言葉をご存じだろうか。観光客による過剰な混雑ぶりを指す新語である。観光地の収容能力を超えて観光客が押し寄せる一種の観光公害とも言える。イタリアのベネチアやオランダのアムステルダム，フィリピンのボラカイ島など世界各国で問題となっている。

日本もその例外に漏れず，京都や鎌倉，沖縄などでは街の混雑や交通渋滞，ゴミ問題，環境破壊，騒音問題などさまざまな問題につながり，地元住民との間に軋轢が生じ，日常生活に大きな影響を及ぼしている。

北海道においても，自然の美しさを追い求める外国人によるオーバーツーリズムが徐々に問題視されるようになった。特に「丘のまち」とも呼ばれ，「パッチワークの丘」や「四季彩の丘」で有名な美瑛町は，2018年度の観光客が226万人を超え，そのうち８割近くが外国人で占められる。

そもそも美瑛町は人口およそ１万人ののどかな農業の町である。そこへ過剰すぎるオーバーツーリズムの問題が，にわかに農家全般に影響を及ぼすこととなる。SNS映えの影響のせいもあってか，風光明媚な景色をバックに写真を撮る観光客が急増。それも道路の真ん中に座り込んだり，農地に無断で入り込み作物を踏み荒らして記念撮影をする輩が増えてしまったのだ。

こうした問題が続いた結果，観光客に人気があった「哲学の木」と呼ばれるポプラの木が，ついには農場主により切り倒されてしまった。

なぜ，そこまで至ってしまったのだろうか。そこで，次の問いが浮かんだ。

> 観光は農業の敵と言えるのだろうか。

　まずは上記の課題のもと，目の前の社会問題の解決を目指すために有効な対策を考え出す農家の苦労を取り上げたいと考えた。また，それに伴い新たな問題に迫られる農家の苦悩も併せて授業化したいと考えた。

2 アイデアが生まれるまで―道徳教材としての価値―

　佐藤仁昭さんという人物がいる。「哲学の木」と名づけられたポプラの老木を，先祖代々からご神木として畑に植えていた農家の3代目経営者である。その彼がある取材でこう語っている。

> 美瑛の景色は自然にできた景色と思われやすいのですが，そうではありません。農家が膨大な時間とお金と技術を投入して，維持している景色なのです。

　「土」は農家にとって命とも言える。天候や気象に左右されながら，作物を守り助けてくれる存在としての「土」に感謝し，細菌などが畑から侵入してしまわないよう全力で「土」を守ろうとするのが農家である。
　すべての苦労が一瞬にして水の泡になってしまわぬよう，その土を守るために看板を立てたり，ロープを張ったりもした。しかし，それを無視して入ってしまう観光客に対して，言葉や身振り手振りを駆使して注意し続けるストレスや葛藤に辟易し，ついには木を伐採することに決めたのである。

> 「哲学の木」が切られずに済むために何かアイデアはなかったのか。

　誰もがたどり着く疑問だと思うが，私たちの想像を絶するぐらいの苦悩や

主として生命や自然、崇高なものとの関わりに関すること

葛藤が，佐藤さんにはあったには違いない。

3 教材開発のきっかけ

　私はこれまで［自然愛護］の授業づくりに頭を悩ませていた。身のまわりの自然を守るとはどういうことなのか。もっと言うと，なぜ自然を大切にしなければならないのか。そんな問いが私の頭の中でぐるぐると渦巻いていたとき，美瑛町のオーバーツーリズムの問題に出会った。

　佐藤さんは言う。

　美瑛のような傾斜地帯の農地は，農業をするには不利と言われています。でもそこで生きていく為，農業経営を続けていく為，日々試行錯誤をしながら技術を身につけてきました。

　それによって美瑛の美しい景観が生まれています。長年耕作して当たり前に見てきたので，美瑛の景色の魅力に気がつかずに，観光は農業の敵としか思っていませんでした。しかし，新しい外の情報を積極的に取り入れる中で，農家が観光に関わることによって農業を守る道が見えたのです。

　内向きに心を閉ざすのではなく，あくまで外向きに発想を開き続ける佐藤さん。わかっているようで実は気がつかなかった「美瑛の景色の魅力」を再認識し，あえて「新しい外の情報」を積極的に取り入れようと覚悟を決めた。そこから見えてきたのはいったいどんな景色だったのだろうか。

どうしたら地域や自然を守りたくなる気持ちが芽生えるだろうか。

---

4 授業実践への手立て

　美瑛町パッチワークの丘には「私有地につき立入禁止」や「畑の中に絶対

に入らないようお願いします」という看板があちこちに掲げられている。また，その言語も日本語だけではなく，英語や中国語，韓国語などと併記されている。それらの写真を示しながら，次のように問う。

> これらの看板を掲げざるを得ない農家の苦しみを想像しよう。

　美瑛町の農家の苦労として次のような点に気づかせたい。
・不利な条件である傾斜地が多い畑で，機械を用いての農作業の苦労。
・気象や天候を考えながら日程に追われながらの集中作業。
・病原菌（センチュウ）が土に持ち込まれないような注意深い取り組み。
・農作業に追われる中で観光客からカメラを向けられることのストレス。
　増えすぎた観光客が，農家にとっては「敵」とも捉えられる存在と化している現状を憂うのは，他の誰でもなく農家そのものであることを把握させたい。そのためには「哲学の木」を取り上げ，先祖代々ご神木として植えられてきた木を伐採せざるを得なかった農家，佐藤さんの思いを考えさせる。

> 「哲学の木」のことがなかったらただの農家だったけれど，たまたま観光地として有名になったことで，相互理解の大切さに気がつきました。農業と観光の融合の問題は，観光地として呼びたい人と農家との立場の違いからくる，価値観の違いの問題だったのです。

　そこで，次の問いが浮かんでくる。上記のように述べる佐藤さんが考えた具体策とは何だったのだろう。
　一つは，「見る観光」から実体験を伴う「知る観光」への「農業ガイド」の企画。農家にとって「土」がどれほど大切かを観光客に知ってもらいたいというのがその趣旨である。そしてもう一つは，美瑛の土地での農業行為そのもののブランド化である。美瑛の美しい景色とともに，農作業自体をドローンを使って撮影して興味関心を寄せてもらいたいというのが願いである。

主として生命や自然，崇高なものとの関わりに関すること

さて，今回は佐藤さんという一人の農業者にスポットを当てたが，美瑛の農家の多くは同じような悩みを抱えている。中でも，「北海道・美瑛を救いたい！農家と観光客との摩擦をチャンスに変える畑看板プロジェクト」（https://japankurufunding.com/projects/bieiprotection/）というのが話題となった。農家の苦労や悩みを観光客に直接伝えることができる看板をつくるためにクラウドファンディングで支援を呼びかけたところ，その反響は大きかったようだ。

　結局，美瑛の農家はもちろん，美瑛に住んでいる人々も観光客との共生を目指していることが伝わってくる。そしてまた，私たち北海道に住む人々も同じ思いを共有しているはずであろう。誰もが自分を愛し，自分たちの大地を愛し，この先の未来に向けて自然を守りたい。そんな思いへと辿り着くことができれば，この実践の価値は大きい。

> **自分を愛し，私たちの大地を愛してみませんか。**

※補足として，美瑛町の「哲学の木」は伐採された後，加工されて札幌駅南口前のコバルドオリにベンチとして置かれていたそうだ。

感動，畏敬の念 　　　中学1年

21 孤独を味わう方法を考える 「空」

1 空と自分の関係から考える―学習活動の価値―

> 空を眺めて，何を思うだろう。

　授業の冒頭でいきなりこう問われたら，あなたはなんと答えるだろうか。きっと多くの人は，ふと，立ち止まって考えるに違いない。
　では，この問いならどうだろう。

> 辛いときや苦しいとき，あなたはどこを見ているだろうか。

　万人に平等な空。あなたがどこを向いていようが，風は吹き，雲は流れ，日は沈み，月は照らし，星は燦めき，そしてまた，日は昇る。
　そんなあたりまえの毎日は，幾千年，いや何十億年も前から，何一つ変わることなく，永遠に続いていることなのである。
　毎日あたりまえに眺めている空は自然からの贈り物であるにもかかわらず，その意味を決して深く考えようとはしないものである。深く考えないことが，私たちにとって平和の証であるかもしれないが。
　生徒にとっては「そんなのあたりまえじゃないか」と思えることも，道徳の授業の中であえて切り口を変えて発問していくことで，日常を顧みる視点を積み重ねていくことにつながる。それには，「なるほど，そう言われたらそうだ」と生徒がおのずから納得するような意図的な授業構成が求められる。

2 歴史と科学のロマンに浸らせる―道徳教材としての価値―

> It is difficult to say what is impossible, for the dream of yesterday is the hope of today and the reality of tomorrow.
>
> 何が不可能であるかを言うことは難しい。なぜなら，昨日の夢は今日の希望であり，そして，明日の現実であるからだ。

これは，「近代ロケット工学の父」と言われる，ロバート・ゴダード博士の言葉。

彼は1926年に，人類初の液体燃料ロケットを飛ばした人である。今でこそ，その先進性が評価されているが，生前はあまり評価されることはなかった。

1919年12月，「高々度に達する方法」という論文で，ロケットを使って月に行く方法を発表したが，悪口や笑いものにされる始末。

翌1920年1月のニューヨーク・タイムズの社説では，「空気がない宇宙空間で，ロケットを飛ばすことなんてできない。そんなことは高校生でも知っていることだ」とまで書かれたと言われている。

それから約半世紀後の1969年，アポロ11号が月に着陸する前日になって，ニューヨーク・タイムズは当時の社説を撤回した。

万人に平等な空には，こうしたロマンが数多く隠されている。科学の進歩とそれを簡単には認めたがらない不和の歴史。しかし，幾千年，いや何十億年も前から何一つ変わらないものは，不屈の精神とやり抜こうとする覚悟，それらが交わっての人間の執念である。空はじっとそれを見ているだけだ。

3 教材開発のきっかけ

> 孤独とは，価値のないことだろうか。

　KAGAYA という名の，宇宙と神話の世界を描くアーティストがいる。世界中を旅しながら，空の写真を撮っている。

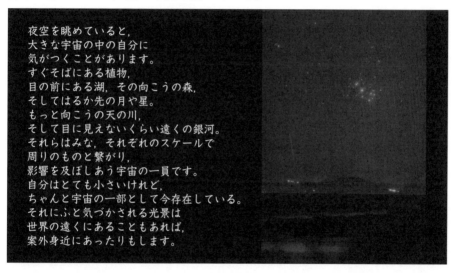

夜空を眺めていると，
大きな宇宙の中の自分に
気がつくことがあります。
すぐそばにある植物，
目の前にある湖，その向こうの森，
そしてはるか先の月や星。
もっと向こうの天の川，
そして目に見えないくらい遠くの銀河。
それらはみな，それぞれのスケールで
周りのものと繋がり，
影響を及ぼしあう宇宙の一員です。
自分はとても小さいけれど，
ちゃんと宇宙の一部として今存在している。
それにふと気づかされる光景は
世界の遠くにあることもあれば，
案外身近にあったりもします。

　彼は言う。「みんなと一緒に同じ空を見上げることで，『一人じゃない』って思える。それが『空をご覧ください』の原点だ」と。

> わたしにできるのは，
> 今，目の前で一瞬の輝きを放った
> その姿を焼き付けること。
> それが消えてしまう前に。
> 　　　　　　（KAGAYA『一瞬の宇宙』2018，河出書房新社より）

主として生命や自然、崇高なものとの関わりに関すること

教科書教材に「『どうせ無理』という言葉に負けない」というのがある。北海道赤平市にある植松電機社長の植松努さんの思いを綴った文章である。もともとはこの教材を調べている際にロバート・ゴダード博士を知り，彼の隠された秘密に感銘を受けた。

　KAGAYA の写真は以前ネットで知り，彼の写真に何度も癒やされ，作品集にも救われた。これらをコラボさせたところで，［感動，畏敬の念］の授業実践にたどり着けた。

4　授業実践への手立て

　［感動，畏敬の念］をテーマにした授業は，D 領域の中でもかなり難しい。よって授業の導入段階は，「空」と自分自身，「空」とロバート・ゴダード博士にしぼって思考させた。

　そして，展開段階において「空」と KAGAYA にしぼり，次の課題のもとで，KAGAYA の世界を味わってもらうべく彼の写真を使ったスライドを作成した。

自分が見つめる先を思い返しながら，KAGAYA が写した
一瞬の空と宇宙にしばしお付き合いください。

そして，KAGAYA には見えて，私たちには見えないことは
何かを考えましょう。

自然からの贈り物である「空」を，私たちがどう受け止め，どうつないでいくか。それは，決して答えの出ない一人ひとりに託された歴史の，そして科学のロマンである。しかも，真実というものは自ら見ようとする人間にしか決して見えてはこない。

　以上を踏まえて授業の最後に，詩人，谷川俊太郎の「二十億光年の孤独」を読み聞かせる。誰もが「孤独の力」の価値に気がつけるように，ただただ静かに読み聞かせるのである。

　そして，授業の核はすべてこの発問に集約される。

孤独とは，価値のないことだろうか。

　「孤独」は決して否定されることではない。この地球上，いや宇宙も含めて世界中のすべてが，孤独であることに変わりはない。だから，たとえあなたが孤独であっても何一つ怖れる必要はない。そのことに気づくには，黙って「空」を見上げればよい。空はただそこにあるだけに過ぎないが，その意味に気づけるかどうかはあなたしだいである。

空を眺めて，何を思うだろうか。

　価値のない孤独なんて，この世に一つもないのである。

《参考文献：KAGAYA『一瞬の宇宙』(2018，河出書房新社)》

D

主として生命や自然、崇高なものとの関わりに関すること

1 動画の背景を探る―学習活動の価値―

SNS の普及とともに，昨今画像や動画サイトがあふれるようになった。かつての子どもたちはテレビを通して情報を共有するのが当たり前であったが，今やそのツールは SNS や画像・動画へと取って代わった。

道徳の時間に映像（動画）を使うことはかつてたくさんあった。ほぼ1時間道徳的なテレビ番組を流しっぱなしにして，一切指導もしないまま最後にとってつけたような感想を書かせておしまいという，甚だ形式的な道徳授業をしたことのない教師は，私を含めていないと言ったら言い過ぎだろうか。

映像（動画）を使うことは間違ってはいない。ただ，なんら加工もせず，なんの指導もせず，しかも感想を書かせっぱなしで，その後もなんら生かされない手法が批判されて然るべきなのである。授業のねらいに見合った映像（動画）を探し出し，それを加工し，授業展開に即して効果的に活用する。そうした授業者の意図こそ，道徳の授業展開に不可欠な要素のはずである。

そこで，今回は「芸人」の障害者にスポットを当て，よりよく生きる喜びとはどういうものかを考えさせようとした。「芸人」と「障害者」の結びつきに，違和感を感じる人も少なくないのかもしれない。そのことを踏まえつつも，「芸」としての笑いの意味を実感させるには，必然的に映像（動画）が必要となってくる。単に動画を見て楽しむだけでなく，臨場感を共有しながら笑いの価値を考えることで，その動画の背景を探っていきたい。

2 どこを切り取るか―道徳教材としての価値―

動画を学習活動に位置づける際，大事なポイントは「どこを切り取るか」

である。その切り取り方一つが学習活動はもちろん，大げさかもしれないが，道徳授業に対する授業者の思想にもつながってくるからである。

　今回取り上げるのは，「あそどっぐ」という芸人である。脊髄性筋萎縮症により顔と左手の親指しか動かせない自称「"世界初"の寝たきり芸人」である阿曽太一さんは，自ら毎日のように動画サイトに自身の芸をアップしている。

　この中からどれを選んで加工するかは授業者の意図に委ねられるのであるが，まずは，YouTube「あそどっぐチャンネル」の「空手家」という作品を一度見てほしい。顔芸とも言える顔の表情一つで，見ている側を笑わせる。一瞬，彼が寝たきりの障害者であることを忘れさせ，まるでそれが一つの長所でもあるかのように自然と振る舞うことで，見ている側も違和感なく笑いへと誘われる。ハンディキャップという言葉が，彼にはまったく似つかわしくないとも思えるのである。

　あそどっぐは言う。

僕は芸人。人を感動させたいんじゃなくて笑わせたいんです。遠慮なく笑ってほしい。

　動画やライブでの彼のネタに対して，「普通におもしろい！」「俺は好きだぜ」と好評価がある一方，「キモい」「笑えんわあ……」と厳しい言葉も見られる。ライブでは目を伏せ，視線を合わせてくれない客もいるとのこと。もしかしたら，道徳授業に取り上げるには抵抗のある教師も多いかもしれない。

　そんな状況に対して，彼は次のように述べて，開き直る。それが彼にとっての生の証であると主張しているように。

笑うのもボランティアですよ。

　例年恒例のテレビ番組「24時間テレビ『愛は地球を救う』」に対して，「感

主として生命や自然，崇高なものとの関わりに関すること

動ポルノ」とか「福祉臭」などと揶揄する表現も昨今見られるようになった。あそどっぐはそうした批判を逆手に取りつつ，障害を「笑い」へと昇華させようとしているようにも見える。

3 教材開発のきっかけ

　あそどっぐという芸人を初めて知ったのは，盟友の廣木道心さんが発行している『なごみすと』激烈創刊号（2017）の記事である。**「障害者芸人っていうカテゴリーをつくりたい！」**と意気込むインタビュー記事を読んで，この芸人は誰なんだと疑問に思ったのが最初の印象である。その後，彼のTwitterをフォローしたり，YouTubeを見たりしているうちに，その魅力に惹かれていった。

　越智貴雄さんという写真家がいる。あそどっぐをモデルにして，写真集『あそどっぐの寝た集』（2017，白順社）を発売した。そんな彼がこう語っている。

パラリンピックスポーツが日本でも注目されるようになり，東京五輪に向けて人も組織も充実して，以前に比べれば格段に環境がよくなりました。でも，日本人の中ではまだまだ『障害者はかわいそうな人』と思う人が多い。障害者でも面白かったら笑えばいい。つまらなかったら『つまらない』と言えばいい。あそどっぐさんは聖人君子ではなくて，たんなる『変態』です。僕は，写真集を見て笑ってほしいのと同時に，最低評価の星1つが付くのを楽しみに待ってるんです。

　（https://dot.asahi.com/dot/photoarticle/2017123000009.html?page=3より）

「寝たきりの体で笑いという表現をしている。この人を障害者としてだけ見るのはもったいない。いつだって表現が世の中を変えていくんだと思います」とも語る越智は，もともとあそどっぐのファンで，半年間にわたって全国各地でネタ写真の撮影をした。自他ともに認める渾身の一冊と述べるのが，

前述した『あそどっぐの寝た集』である。

　撮影経費のほとんどは越智が捻出した。これで写真集が売れ残ったら，数百万円の出費は越智の持ち出しとなる。それに対し，**「寝たきりのおっさんの写真集なんて売れるわけないのに，越智さんは変わった人だなあと（笑）。撮影ではふだん行けない所にたくさん行けて，楽しかったです」**と話すあそどっぐは，「変態」以外の何者でもないだろう（笑）。

4 授業実践への手立て

　YouTube に，「写真集メイキング『総集編』」というあそどっぐの動画がある（https://www.youtube.com/watch?v=V9UoU193QkM）。これはあそどっぐを知るための価値ある動画である。

　また，これと並行して，「脳性マヒブラザーズ」というお笑いコンビの動画も必見の価値がある。NHK Eテレの「バリバラ」という番組に，「SHOW-1グランプリ」という障害者をはじめとしたマイノリティーのお笑い日本一を決めるコーナーがあり，その初代チャンピオンが彼らである（ちなみに2016年の第2位があそどっぐである）。

　「バリバラ」公式サイトには，番組の狙いについて**「『生きづらさを抱えるすべてのマイノリティー』にとっての"バリア"をなくす」**とあり，その本気度が伝わってくる。

　ただし，これをそのまま伝えるだけでは障害者のことをわかったつもりにしかならないだろう。また，一つ間違うと，障害者の捉え方に悪影響を及ぼしてしまうことも懸念される。

　そこで，障害者を生徒の身近に引き寄せるために，例えば次のような問いを考えたい。

あなたと「障害者」，違いはなんだろう？

　「The Challenged」という言葉がある。「障害者」の「害」の字が問題と

なって久しいが，英語でどう呼ぶかもさまざまな考え方がある。「The Challenged」はその一つの呼び方である。「芸人」としてのあそどっぐを追っていくと，「芸術家」としての存在感も漂ってくる。

しかし，彼にはやはり「The Challenged」という呼び方がふさわしいのではないか。さらに言えば，「障害者」のすべてが「The Challenged」と呼ばれるにふさわしいだろうと私は考える。

人間誰しもやがては年を取り，目が見えなくなり，耳が遠くなり，足腰が弱ってくる。いわば，広い意味での「障害者」となる。遠くないいつの日か，「The Challenged」の意味が当たり前となることを願わずにいられない。

《参考文献：越智貴雄『あそどっぐの寝た集』(2017，白順社)》

ちょっと一息 **「先生，今日の道徳はおもしろかったです！」**

専門とする教科の授業もそうだと思いますが，「おもしろい！」「今まで気づかなかったことを発見した！」「もっと調べたり学んだりしたい！」という生徒の声が，教師の喜びにつながるばずです。そのためには多様で，緻密な授業づくりが，必要とされると言えるでしょう。

> 気づきや発見は自分を変えるきっかけとなります。でも，それで満足せず，自分の行動を変えるような思考や判断，表現を心がけましょう。

たった1時間の道徳授業で生徒を変容させることなんて無理なことです。しかし，最終的に目指すゴールを生徒に伝えていくことは，将来的な見通しをもつ意味において不可欠なことと言えるでしょう。

第3章

道徳授業の
課題と価値

① 道徳授業と専門教科との結びつきをどう捉えたらいいのだろうか

　道徳の授業づくりにおいて，中学校教師の多くは自分の**専門教科との関わりが深くなる**ことが実感できることだろう。例えば，私の専門は国語科である。必然的に，国語教科書の文章教材と道徳教科書の読み物資料とを対比しながら，題材を眺めることとなる。そして，それがそのまま指導の流れの構想にもつながってくる。

　ここで言う専門教科との関わりの深さとは，題材を見取る観点はもちろんのこと，それをどのように分析し，なぜ道徳として必要とされるのかという考察を重ね，深い授業づくりに落としていくための認識を指す。それは生徒の興味・関心の度合いを想定し，思考・判断・表現をより深く促進するための発問からそれにふさわしい授業構成の吟味に至るまで，授業づくりに関わるすべての要素を含んでいると言っても過言ではない。

　国語科においても，散文か韻文か，現代文か古典か，説明的文章か文学的文章かといったジャンルの違いによって教材分析や指導法が異なるのと同じで，道徳においても題材の違いによって指導の仕方は異なるはずだ。

　しかし，それを分析し，整理し，汎用化するまでにはまだかなりの時間を要する。さまざまな教師が多くの授業実践を経て，自分なりの**道徳指導観や道徳授業観**を出し合っていくことでよりよい道徳授業へとつながっていく。それをいっそう深化・洗練させていくことで，教師の道徳観が確立されていくのではないだろうか。

　ただ，こうした道徳の特性とともに自分自身の在り方を検証することもなく，出来合いの成功例や簡単なやり方ばかりに目が向き，安易にマネをして実践しようとする教師がいるのも事実である。経験の浅い若手教師ならまだしも，残念ながら経験豊富なベテラン教師にも存在する。結果，生徒に見透かされ，底の浅い，中身の薄い道徳観を露呈してしまうことになりかねない。

② 1時間の中で教師の悪癖を どう乗り越えたらいいのだろうか

　では，どうしたらよりよい道徳の授業づくりに結びつくのだろうか。

　先日，ある若手教師から相談を受けた。「自分なりに深いところまで調べて，授業を構想して実践してみたのですが，調べたことすべてを伝えようとすると，まとまりがなくなってバラバラな感じで終わってしまったのです。どうしたら道徳の授業がうまく成立するのでしょうか」という悩みである。

　これは誰もが一度は感じることである。道徳に限らず，他の教科においてもあてはまる事例かもしれない。とはいえ，とかく道徳においては，この類いの悩みを感じる教師は多いことだろう。おそらくは，取り上げた題材をとことん広く，いっそう深く突き詰めて調べていくと，それをすべて生徒に伝えたくなってしまう**教師の悪癖**というのが，その問題の本質と言えるだろう。

　私も自主教材を開発した初期の頃はまさにこのパターンにはまった。書籍を読み，資料を探し，ネットで検索し，とにかくあらゆる情報を集める。他の誰よりも多くの知識を得ることで優越感に浸り，それらをすべて1時間の授業の中に取り込もうとする。とにかく教師自身が獲得した知識を，1時間の授業の中にすべて詰め込まないと気が済まないというように。

　しかし，それらはほぼ間違いなく失敗となる。題材に使われている事例や，それに関わる人物のことはよくわかった。けれども，「この題材を通して先生はいったい何を伝えたかったのだろうか。また，この授業を通してどのような道徳的な思考や判断，表現を迫られたのだろうか」。授業が終わった後に，生徒が言葉に出さなくてもこうした思いを抱いているとしたら，その道徳授業は間違いなく失敗だったと言える。それを見取り，見極める観察眼こそが道徳の評価へとつながっていく。だが，生徒を評価する前に，教師自身の授業評価こそが問われる。それが**一つの題材につき1時間という時間枠しか与えられない道徳授業の難しさであり，怖さ**でもある。

③ 裏側に潜む本質に気づくために 何を心がけたらいいのだろうか

道徳の授業づくりを通して気づいたことがいくつかある。

例えば，それまでは「弱者」や「マイノリティー」に対する問題意識を刺激するような題材を道徳の授業に取り上げることが多かった。道徳に対する私のイメージが「弱者」や「マイノリティー」に起因するものが多く，道徳授業観として形成されていたのだろう。読者にも思い当たる節があるかもしれない。

しかし，教室のなかにそうした道徳を持ち込むことは，おのずと生徒を**ヒドゥン・カリキュラムの形成**へと導くこととなる。「この時間はこのように答えることが道徳的な解であり，先生が求める解に違いない」と，生徒に無意識のうちに思わせてしまうような構造が，「弱者」や「マイノリティー」を扱う際の最大の問題点である。

「こういう行動がふさわしい」とか「こうあらねばならない」とか「こうすべきではないか」といった道徳観は，誰もが頭では理解している。しかし，頭ではわかっていても，実生活における行動とは結びつかないという現実にこそ，生徒一人ひとりの道徳観を揺さぶる本質が備わっているはずだ。

であるならば，特定の人にあてはまる事例ではなく不特定の，しかも誰もが身に覚えのあるような題材を開発して，道徳的思考や道徳的判断を揺さぶる方が授業としての価値は高い。同時にまた，そうした生徒の身近な材によった方が，**深い道徳観**を形成する意味でもより機能し得るのではないだろうか。

そう考えると，一つのニュースや話題に対する見方や考え方において，表面だけではなく，**裏側に潜む本質**をこそ捉えようとする目が鍛えられる。

教職経験が豊富になってくると，物事の構造はおおよそ一瞬で判断がつくようになる。しかし，そうした即時的判断が弊害を招くことにもなり得る。決めつけや思い込み，固定観念や盲目的な拘りなど教師の中に無意識のうちに眠っている感覚は，道徳の授業をつくっていく際には欠点となるのである。

134

④ 無意識の問題を意識化するには どうしたらいいのだろうか

　人はその立場になってみないとわからないことがたくさんある。ただ，簡単にはその立場になれない場合，想像力を駆使することが求められる。

　「その立場になって想像してごらん」という一言だけで教室全員の想像力が喚起できるなら，これほど容易いことはない。しかし，「私にはその状況が想像できません」「その立場になってみないと何も言えません」「私がその状況に置かれてもなんとも思わないし，平気だと思う」などと，思考の前提となる土台が崩れてしまう傾向が最近よく目につく。

　ただ，ここで生徒の想像力の貧困さを嘆く前に，「その立場になること」を強制・強要している指導への妥当性を疑ってみる必要性はないだろうか。

　例えば，中学校には『火の島』というDの［感動，畏敬の念］をテーマにした文章がある。ハワイ島のキラウエア火山の伝説を確かめに行ったある写真家の実体験である。「人生の中で最も過酷なさつえいになったが，絶対に忘れられない感動的な一日になった」「ぼくは，ここが地球上で最も神聖な場所だと確信した」とまとめられるこの文章には，筆者自らが撮影した写真が合わせて4枚掲載されている。

　教科書では，「絶対に忘れられない一日になった」という筆者の言葉の意味を考える問いを課しているが，これはかなり苦しい課題と言える。なぜなら，筆者が置かれた過酷な状況を追体験することは難しく，まして掲載されている写真をもとにキラウエア火山の伝説の意味を想像することは，本当に必要な活動と言えるのか疑問と言わざるを得ない。生徒にとっての関心の有無だけではなく，感動の強要という観点においても本当に必要なのだろうか。

　確かに，その立場になると見えてくることがあるのかもしれない。しかし，**見えてしまうことは，同時にさらに見えないことがあるということの認識へ**と結びつく。この教材文でそれを期待するのはいかがなものだろうか。

⑤ 価値観を共有するためには 何を心がけたらいいのか

　道徳の授業を通して一番伝えたいことは何だろうか。教科書に掲載されているから，あるいは22の内容項目で規定されているからという理由のみで，仕方なく道徳を教えているのだとしたら，それはいささか問題である。なぜなら，生徒からすると年間35時間も道徳に割かれているからだ。**ただただ時間の無駄としか感じられないような授業であるならば，受けない方が健全な道徳心に結びつくのではないか**とさえ思えてしまう。

　かなり厳しいことを言っているように思われるかもしれないが，私自身もこれまで数多くの失敗をしてきた。道徳授業の体をなしていないただの人物紹介で終わってしまったり，調べてきたことすべてをしゃべりまくり生徒に一切思考させなかったり，どんどん脇道に逸れただの学級活動や生徒指導上の説教で終わってしまったり……。

　これでは道徳的な判断力も心情も実践意欲も態度も，高めるどころか，それが一切なんであるかもわからないままの，エセ道徳で終わってしまうと思うに至った。このように，思い上がりで自惚れた道徳からの脱却を考えてから後，授業づくりが変化し始めたように思える。ただ，そう思えた瞬間，また新たな壁が立ち塞がるのが道徳授業のおもしろく，深いところでもある。

　現状，中学校ではローテーション方式を取り入れているところが多いであろう。35時間分の授業すべてに時間をかけ，精力をつぎ込み，授業をしていくべきなどと言うつもりは一切ない。ただ，少なくともローテーションで担当する題材については，教材分析を惜しみなく徹底し，自信をもって実践できるようにしたい。その際に，教材開発の視点をもって，それをコラボしながら教科書教材を活用できるようになると，道徳授業のバリエーションが広がるのではないだろうか。もちろん，それは誰よりも自分自身に言い聞かせるべきことでもあるのだが。

⑥ 他人事から自分事に近づけるには どうしたらいいのか

　身近な話題をもとに一つの課題に絞っていく。その過程で興味関心を高めながら，自らの問題として捉えさせるためにはどうしたらいいのだろうか。

　どこにでも転がっていそうだが自分には遠く，他人事としか感じられないような話題。これを道徳の授業1時間を通して徐々に距離を縮めていくには，その話題のなかに**自分自身が置き換えられ，自らの生き方をあぶり出すような仕組み**が求められる。

　例えば，92歳の写真家との接点なんて考えたこともない中学生に対し，「心の鏡に写してみる」という視点を与える（p.34）。同時に，死が迫るなかでの遺影写真を撮影する方と撮影される側の微妙な関係を想像させる。これによって，写真を通じて物や人を写すだけではなく，素の自分を写していることに気づき始める。「心の鏡」という抽象的な切り口が自分の心の中に投影されるようになれば，1時間の授業の学びが日常生活に還元されることになるだろう。

　また，オーバーツーリズムといった現象も，今の中学生にはなんら関わりがない問題かもしれない。しかし，「観光に浸っている陰で苦しむ地元民がいる」という視点をもつことで，何も考えずに楽しんでいる要素が別の誰かにとっては迷惑につながっているかもしれないという気づきへと誘う（p.116）。

　こうした積み重ねが広く社会に目を向けさせ，地域や世界を意識させる。教室での道徳授業をきっかけにして，「グローカル」な見方や考え方を自然と紡ぎ出すことになれば，それを学ぶ生徒の視野もおのずと広がってくる。

　ただし，広さばかりを追い続けると，思考や判断は拡散し，なんでもOKのアナーキーな道徳となってしまう。昨今，多様性の尊重が声高に叫ばれているが，なんでも認められるのが多様性の尊重ということでは決してない。価値ある本質こそが尊重され，そうでないものは淘汰される。その価値を突き詰めていく着眼点こそが道徳の授業で問われているのである。

中学校では日常的に生活指導や生徒指導が行われる。また，定期的に将来目指すべき進路に向けて進路指導も行われる。こうした指導と道徳授業との境界線を，どのように考えたらいいのだろうか。

昨今，生徒指導において第一に挙げられるのはスマホによる SNS 問題である。悪口や暴言など言葉で執拗に責めたり，写真や動画によって嘲りながらいじめたりするなどという事案が後を絶たない。どこの学校においても外部から講師を招き，全校規模で講習会を開催して啓発するが，問題は一向に収まらない。いや，それらの事案は教師や保護者の目をかいくぐって潜行し，気づいたときには大事になっているのが実際のところかもしれない。

中学校の存在価値を問われるのはこうした生徒指導上の問題ばかりではなく，進路指導が適切になされるかどうかという問題も大きい。なぜなら，教師との人間関係がうまく築けなかったり，生徒同士のコミュニケーションの齟齬から居場所を見つけられなくなったりした場合，卒業後に未来を託そうと生徒が考えるのは当然の心理である。その際，生徒本人はもちろん，その保護者も含めて，希望した高校を目指せるような心持ちになれるか否かという観点が進路指導の成否を握ると言っても過言ではないだろう。

さて，こうした実態を鑑みると，生徒一人ひとりとの教育相談や保護者を含めた三者懇談などが有効であることは間違いない。しかし，もっと日常的に，もっと身近な道徳授業で，こうした生徒の悩みや心配に対応できるような題材を与えられないのだろうか。

誰もが認識している偉人・賢人を紹介するだけの道徳授業では，生徒自身の状況との距離があまりにも遠すぎる。手を伸ばせば届きそうな距離感であったり，気づいていなかったがごく身近な問題であったりする題材こそが，生徒の感動や発見に結びつくに違いない。

⑧ 「内面的資質」を どのように見取るのか

　道徳的な判断力，心情，実践意欲と態度は，学習指導要領解説においては「道徳性を構成する諸様相」と述べられている。そして，次のように続く。

> 一人一人の生徒が道徳的価値を自覚し，人間としての生き方について深く考え，日常生活や今後出会うであろう様々な場面，及び状況において，道徳的価値を実現するための適切な行為を主体的に選択し，実践することができるような内面的資質

　道徳的判断力はそれぞれの場面で善悪を判断する**能力**のことであり，道徳的心情は道徳的価値の大切さを感じ取り，善を行うことを喜び，悪を憎む**感情**のこと，道徳的実践意欲は道徳的判断力や道徳的心情を基盤とし道徳的価値を実践しようとする**意志の働き**であり，そして道徳的態度は道徳的判断力や道徳的心情に裏付けられた具体的な道徳的行為への**身構え**となっている。

　「内面的資質」である以上，外に現れ出る実際の行動までを指導の対象とはしていない。となれば，なおさらその評価については難しくなってくる。生徒の言語能力やコミュニケーション能力の巧拙に道徳の評価が左右されてしまわぬよう配慮していく必要がある。例えば，頭や心の中ではわかってはいるが，それを授業の中で巧く表現する術に欠ける生徒がいる。しかし，学校外での実際の社会生活場面では，誰よりも適切に判断し，ふさわしい行動が素早くできる。ここに「内面的資質」の見取りの問題が生まれてくる。

　実際，こうした生徒がいる場合どう救い，どう配慮していったらよいのだろう。「内面的資質としての道徳性」は見取ることができないから，道徳の評価は低くなるのだろうか。道徳科を中心に据えるならば，それ以外のところで言語スキルやコミュニケーションスキルなどを高めていくべきなのだろうか。

⑨ 道徳授業を通して行動の喚起を どこまで期待するのか

　道徳的な判断力，心情，実践意欲と態度を育てることが道徳科の目標である。ここで疑問に思うのは，これら4つの道徳性に優先度はあるのかということである。あるとすれば，判断力や心情といった認知面が，実践意欲と態度といった情動面より優先されるのだろうか。

　そもそも道徳の授業は教室で行われることを前提としている。とすれば，教材を通じて生徒の認知に訴え，自らの思考や判断を振り返らせ，多様な表現へと導くことで道徳観の形成を目指すのが道徳の授業である。

　その後，学校から一歩外の社会に出たとき，道徳的な実践意欲のもとに主体的に行動できるかどうかまでは道徳科の範疇によらない，と言い切れる教師は少ないのではないだろうか。なぜなら，それは教師自身の道徳性とも絡んでくる問題だと言えるからである。

　道徳心に欠ける教師が道徳を教えてはいけないなどと偉そうなことを言うつもりはない。なぜなら，私自身完璧な道徳的な人間かと問われたならば，イエスとは言い切れないからである。ただ，明らかにモラルが欠けている教師が，道徳の授業において説得力に欠けるのは間違いない。

　だから道徳の授業はできない，したくないという教師の本音も透けて見えそうだが，このことと生徒の道徳性を評価しない，できないというのは結びつかない。あくまで1時間という授業を通して，認識の変容を見取って生徒の道徳観を評価する。しかし，表現された言葉以外に何をもって見取るのかと問われたならば，**その後の学校生活における行動の変容，もしくはそこに至るまでの意欲や態度の変化**となるだろう。

　ここに，特別活動や学校生活における行動面の評価との重複が見られる。しかし，「よりよく生きるための基盤となる道徳性」こそが道徳教育および道徳科の基盤とされるのであれば，それは避けられない課題である。

中学校の授業は教科担任制である。小学校に比べれば，教科ごとにより専門的な学習へと高まるのは確かであろう。しかし，それが深い学びへとつながるかどうかは不確かなように思える。なぜなら，知識を一方的に伝えているとしか思えない教科担任が少なからずいるからである。

　道徳に対するアレルギーをもっている教師はたくさんいるのが事実だ。しかし，特別の教科である以上，年間35時間は教えなければならないのである。伝えるだけの専門教科の知識に慣らされてきた中学校教師も，「自己を見つめ，物事を広い視野から多面的・多角的に考え，自己の人間としての生き方についての考えを深める学習」を目指すことが目標とされているのである。まさに，「考え，議論する道徳」から「深い学び」への道しるべが掲げられていると言っても過言ではない。

　では，実際「考え，議論する道徳」へ向けて，何から始めればよいのか。

　一言で言えば，教師自身の「深い学び」に尽きる。生徒に「深い学び」を求めるのであれば，教師自身が学ぼうとしなければ道徳性を育むことなど到底及ばない。俗に「世間を知らない」と言われる教師が，直接でも間接でも日常的に社会とつながる接点をもとうとしなければ，ひどく浅薄で不安定な道徳観しか身につけられないことになるだろう。

　学校の中でしか通用しない道徳であるならば，社会に出たときに苦労するのは生徒の方である。学校では許されていた行為が社会では通用しない実状を顧みたとき，教える・教えない行為よりも，深く考えたり，判断したり，表現したりする時間や課題を与えてくれなかった行為に対する不信感の方がその後の人生に大きく影響するのではないだろうか。正しさを基準とした正解ではなく，誰もが新たな発見や感動を生む問いや，誰もが身にしみてわかることを基準とした納得解を生み出すには，やはり教師の関わり方が何ものにも代えがたい要素であるに違いない。

あ と が き

　本書を執筆するに至ったのは，学生時代からの先輩でもある堀裕嗣の呼び
かけによる。堀の企画のもと，大野睦仁，宇野弘恵，千葉孝司らとともにこ
の２年間ほぼ毎月のように道徳授業づくりのセミナーを開いてきたが，一番
足手まといで，一番迷惑をかけていたのが私である。

　なぜか。それは，自分には得意とするコンテンツがないというのが一番大
きな理由である。「弱者」や「女性」「不登校・いじめ」，そしてそれらすべ
てを包含しつつ誰も気づかないような材を開発する「深さ」……。同志であ
りながらもその偉大さに敬意を表しつつ，その端くれとはいえ何もめぼしい
コンテンツがない人間が，果たして単著を書くに値するのかどうか。常にこ
の疑問に覆われたまま，本書を執筆し続けたというのが真実である。

　結果，関係各位に迷惑をかけながらなんとか仕上がったのが本書である。

　ただ，執筆過程においてうれしいこともいくつかあった。それは著作権の
許諾を申請するため連絡を取ったところ，どの方も二つ返事で快諾してくだ
さったことである。さらに，どんな思いでインタビューに答えたとか，その
後どういった変化があったとか，考え方や生き方を参照するうえで示唆に富
む感想をいただけたのである。これらは紛れもなく，道徳の授業づくりにお
いて今後の参考になることは間違いない。ここに深く感謝を申し上げたい。

　実は，本書は私自身初めての単著である。これまでの教員人生同様，この
単著の編集にあたっても，気がつかないところであちこちご迷惑をかけてき
たことと思う。なかでも，筆が遅い私をここまで見捨てずに支えてくださっ
た明治図書の及川誠さんと杉浦佐和子さんには，感謝しても感謝しつくせな
いほどである。さらに，30年以上も支えてくれた堀さんはもとより大野さん，
宇野さん，千葉さんはじめサークルの仲間たち，そして我が恩師，森田茂之
先生と道徳の師である桃﨑剛寿先生には心より感謝したい。

2020年６月　山下　幸

【著者紹介】
山下 幸（やました みゆき）
1970年北海道留萌管内苫前町生。北海道教育大学岩見沢校卒。
1992年に北海道空知管内にて小学校教員としてスタートを切る。
1995年「研究集団ことのは」に入会。2006年より札幌市公立中
学校に勤務する。国語教師として実践を積み重ねつつ，道徳教
育やインクルーシブ教育にも研鑽を深める。『中学校 学級経営
すきまスキル70』『中学校 生徒指導すきまスキル72』『保護者
対応すきまスキル70 中学校編』『THE 教師力シリーズ THE
給食指導』『THE 教師力シリーズ THE 清掃指導』（以上，明
治図書）などを編著。

道徳授業改革シリーズ
山下 幸の道徳授業づくり
社会につながる道徳授業

2020年7月初版第1刷刊 Ⓒ著 者 山 下 幸
　　　　　　　発行者 藤 原 光 政
　　　　　　　発行所 明治図書出版株式会社
　　　　　　　　　　　http://www.meijitosho.co.jp
　　　　　　（企画）及川 誠（校正）杉浦佐和子
　　　　　　〒114-0023 東京都北区滝野川7-46-1
　　　　　　振替00160-5-151318 電話03(5907)6703
　　　　　　　　　　ご注文窓口 電話03(5907)6668
＊検印省略　　　組版所 長野印刷商工株式会社

本書の無断コピーは，著作権・出版権にふれます。ご注意ください。

Printed in Japan　　　　　　ISBN978-4-18-296617-0
JASRAC 出 2003182-001
もれなくクーポンがもらえる！読者アンケートはこちらから
→